U0115976

地域文化研究叢書·嶺南文化叢刊

古代廣東史地考論

上冊

顏廣文　著

目次

「嶺南學叢書」緣起

　　吾國土地廣袤，生民眾多，歷史悠遠，傳統豐碩。桑田滄海，文化綿延相續，發揚光大；高穀深陵，學術薪火相傳，代新不已。是端賴吾土之凝聚力量者存，吾民之精神價值者在。斯乃中華文化之壯舉，亦人類文明之奇觀。抑另觀之，則風有四方之別，俗有南北之異；學有時代之變，術有流別之異。時空奧義，百轉無窮；古今存續，通變有方，頗有不期而然者。

　　蓋自近代以降，學術繁興，其變運之跡，厥有兩端，一為分門精細，一為學科綜合。合久當分，分久宜合；四部之學而為七科之學，分門之學復呈融通之相，亦其一例也。就吾國人文學術言之，舊學新學，與時俱興，新體舊體，代不乏人。學問之夥，蓋亦久矣。是以有專家之學，許學酈學是也；有專書之學，選學紅學是也。有以時為名之學，漢學宋學是也；有以地為名之學，徽學蜀學是也。有以範圍命名之學，甲骨學敦煌學是也；有以方法命名之學，考據學辨偽學是也。外人或有將研究中國之學問蓋稱中國學者，甚且有逕將研究亞洲之學問統名東方學者。是以諸學之廣博繁盛，幾至靡所不包矣。

　　五嶺以南，南海之北，或曰嶺表嶺外，或稱嶺海嶺嶠；以與中原相較，物令節候殊異，言語習俗難同，蓋自有其奇胲者在。嶺南文化，源遠流長。新石器時代，已有古人類活動於斯；漢南越國之肇建，自成其嶺外氣象。唐張曲江開古嶺梅關，暢交通中原之孔道；韓昌黎貶陽山潮州，攜中原文明於嶺表。宋寇準蘇東坡諸人被謫之困厄，洵為嶺隅文明開化之福音；余靖、崔與之等輩之異軍突起，堪當

嶺外文化興盛之先導。明清之嶺南，地靈人傑，學術漸盛。哲學有陳白沙、諶甘泉，理學有黃佐、陳建，經史有孫蕡、屈大均，政事有丘濬、海瑞。至若文學，則盛況空前，傳揚廣遠，中土嘉許，四方矚目，已非僅嶺南一隅而已。明遺民詩家，自成面目；南園前後五子，各領風騷。韶州廖燕，順德黎簡，彰雄直狷介之氣；欽州馮敏昌，嘉應宋芷灣，顯本色自然之風。斯乃承前啟後之關鍵，亦為導夫先路之前驅。晚清以還，諸學大興，盛況空前。其穎異者，多能以先知先覺之智，兼濟天下之懷，沐歐美之新風，櫛西學之化雨，領時代之風騷，導歷史之新潮，影響遠播海外，功業沾溉後世。至若澳門香港之興，則嶺海之珠玉，亦華夏之奇葩；瞭望異邦，吾人由斯企足；走向中國，世界至此泊舟。故曰，此誠嶺南之黃金時代也。然則嶺南一名之成立，則初由我無以名我，必待他者有以名我而起，其後即漸泯自我他者之辨，而遂共名之矣。

晚近學者之矚目嶺南，蓋亦頗久矣。劉師培論南北學派之不同，嘗標舉嶺南學派，並考其消長代變；汪辟疆論近代詩派與地域，亦專論嶺南詩派，且察其時地因緣。梁任公論吾國政治地理，言粵地背嶺面海，界於中原，交通海外；粵人最富特性，言語習尚，異於中土；蓋其所指，乃嶺南與中原之迥異與夫其時地之特別也。梁氏粵人，夫子自道，得其精義，良有以也。斯就吾粵論之，其學亦自不鮮矣。有以族群名之者，若潮學、客家學；有以宗派名之者，若羅浮道學、慧能禪學；有以人物名之者，若黃學、白沙學。晚近復有以各地文化名之者，若廣府、潮汕、客家、港澳，以至雷州、粵西、海南之類，不一而足；且有愈趨於繁、愈趨於夥之勢。

今吾儕以嶺南學為倡，意在秉學術之要義，繼先賢之志業，建嶺南之專學，昌吾土之文明。其範圍，自當以嶺南為核心，然亦必寬廣遼遠，可關涉嶺南以外乃至吾國以外之異邦，以嶺南並非孤立之存

在，必與他者生種種之關聯是也。其方法，自當以實學為要務，可兼得義理考據、經濟辭章之長，亦可取古今融通、中西合璧之法，冀合傳統與現代之雙美而一之。其目標，自當以斯學之成立為職志，然其間之思想足跡、認識變遷、求索歷程均極堪珍視，以其開放相容之性質，流動變易之情狀，乃學術之源頭活水是也。倘如是，則或可期探嶺外之堂奧，究嶺表之三靈，彰嶺嶠之風神，顯嶺海之雅韻也。

考鏡源流，辨章學術，為學當奉圭臬；學而有法，法無定法，性靈原自心生。然何由之從而達於此旨，臻致此境，則時有別解，地有歧途；物有其靈，人有其感；惟所追慕嚮往者，則殊途同歸、心悟妙諦之境界也。吾輩於學，常法樸質之風；吾等之懷，恒以清正為要。今此一名之立，已費躊躇；方知一學之成，須假時日。嶺南學之宣導伊始，其源遠紹先哲；嶺南學之成立尚遠，其始乃在足下。依透迤之五嶺，眺汪洋之南海；懷吾國之傳統，鑒他邦之良方；願吾儕之所期，庶能有所成就也。於時海晏河清，學術昌明有日；國泰民安，中華復興未遠。時勢如斯，他年當存信史；學術公器，吾輩與有責任。

以是之故，吾等同仁之撰著，冠以嶺南學叢書之名目，爰為此地域專學之足音；其後續有所作，凡與此相關相類者，亦當以此名之。蓋引玉拋磚，求友嚶鳴，切磋琢磨，共襄學術之意云耳。三數書稿既成，書數語於簡端，略述其緣起如是。大雅君子，有以教之；匡其未逮，正其疏失，是吾儕所縈望且感戴焉。

左鵬軍

丁亥三秋於五羊城

前言

　　在古代中國社會發展的歷史上，相對中原而言，廣東長期處於落後的狀態。到了明朝中後期，廣東逐漸趕上。到了清代，廣東整體得以躋身於先進地區行列。「清代廣東已躋身於先進地區行列」的結論並非是粵人自封自誇，同時也得到外省籍人士肯定。清初，江西著名學者「寧都三魏」之一的魏禮在《為門人楊京游惠州至廣州‧序》中說：「今之嶺南，非昔之所謂嶺南矣。愈之貶潮州也，凜然有愁迫死亡之憂，而今之士大夫營為而樂得其地矣。軾之貶，猶在惠州，今惠州亦為善土矣。然則地與時遷，人從地變，又惡可測哉！」

　　今天，許多人（包括學者、官員乃至百姓）都會思考，廣東何以得在明清時期迎頭趕上？答案自然是眾多的。但我一直認為，首先，古代廣東官民堅持不懈地修路，不斷加強與中原溝通，加強與相鄰的一些經濟區域聯繫，改善區內交通條件，是廣東社會經濟發展、區域核心得以形成的客觀條件。其次，古代統治者治理廣東的某些政策和決策是有利於廣東社會經濟發展的。最後，古代廣東社會經濟的發展，離不開當時廣東軍民，包括一些治理過廣東的優秀官員的共同努力。本書正是以此思路展開，分三編即驛道交通、制度事件、歷史人物進行專題研究。

　　第一編驛道交通。該編內容全部源自我曾承擔的廣東省哲學社會科學規劃研究課題「古代廣東驛道建設及社會經濟發展」，該課題已於一九九九年結項。從立項題目可以看出，我研究古代廣東驛道建設，是在考訂古代廣東驛道建設的基礎上，著重分析驛道交通的建設

對社會經濟發展的影響。書中以元朝政府在廣東新闢的兩條驛道為例。從西驛道建設的效果來看，不僅促進了沿線地區社會經濟的發展，還使行政區屬發生了重大變化，導致明朝建立後立即將原轄於湖廣行省的高、雷、瓊、廉諸府劃歸廣東行省管轄。隆興至潮州東驛道的開闢，則促成了歷史上第一次粵、贛、閩三省交界地區的大開發，強有力地促進了以潮州為中心的亞經濟區域的形成。統治者也往往把驛道建設與加強控制直接聯繫起來。明代統治者在平定了所謂羅旁瑤亂後，當時的兩廣總督淩雲翼馬上在兩廣交界山區廣東一側開闢了羅定至高州的新驛道，並認為新驛道的開闢能消除上述地區社會動盪的根源。就廣東境內而言，驛道建設與沿線地區社會經濟發展的關係更是十分明顯。「路通財通」，這是今天粵人的共識。怎樣體現這種辯證關係？我選擇了廣東宋代及明清時期驛道驛站建設與市鎮商業發展的關係加以說明。從統計出來的市鎮分佈情況來看，古代廣東幾乎所有的市鎮都是在驛道沿線發展起來的，這就很能說明問題。

　　古代廣東修路的歷史經驗很值得我們去總結。廣東軍民修路持之以恆，從不間斷。自秦征南越起，就有史祿修靈渠，溝通長江、珠江兩大水系，史祿也應修治過部分北江河段。東漢先後有衛颯、周昕修武水，通中原的路比走西江、連江便捷。唐代廣東曲江人張九齡修大庾嶺道，成為中國南北走向的主驛道，造福粵人千年，名留史冊。宋代蔡氏兄弟，兄蔡抗官廣東轉運使，弟蔡挺知江西南安軍，兄弟二人相約各修轄內的大庾嶺道，留下千古佳話。南宋林安宅修廣州至潮州下路，沿粵東海岸線遂成坦途，在明代抗擊倭寇海盜、捍衛南疆邊陲的鬥爭中發揮了重要作用。元代廣東形成修路的高潮，本書中屢次提及的月的迷失、塔刺海哈、高芝、倉振等人都是修路英雄。明清時期，維護、改善驛道條件的官員也不少。古代廣東修路的資金籌措以官資為主，同時也十分注重吸納商、民捐資。清代兩廣總督阮元修

路，就動員了鹽商、行商捐資。明代高州府茂名縣舉人卓錫，動員全府舉人、監生、秀才修茂名橋，橋建成，命名「興文橋」。古代廣東修建驛道能因地制宜。廣東境內河流縱橫，其驛道便以水路為主，陸路為輔；偏僻驛道上，設驛站不方便，地方官員便把驛站設於原來就有的道觀、佛寺上，既節約了開支，又保證了驛道的暢通；廣東缺馬，陸路驛道交通就視實際情況需要，馬、驢、牛、轎等多種交通工具並用。

第二編制度事件。我認為，在古代廣東社會發展史上，明朝中後期是一個特別值得重視的時期。明朝正統年間，廣東爆發黃蕭養起義。從此，廣東社會陷入了長期的動盪之中。至萬曆初年，部分中央統治者竟打算放棄對廣東的集權治理。對此，過去學術界長期從階級鬥爭的層面上來考察，認為是農民階級與地主階級鬥爭的結果。事實上，應切換另一個角度去思考。這一時期的社會動盪，其實是廣東社會由百越雜居到融合到漢文化圈的最後陣痛。在明朝中前期，廣東境內大部分地區雜居了瑤、苗、疍、侗、岐、佘、黎、馬留、盧亭等名號眾多的族群，在這些族群中，有的還實行土官土司制度。可是，經過明嘉靖到萬曆初年，由於統治者剿與撫兩種手段交替使用，加上注意對落後地區的開發，這些族群便一部分被擠到更偏遠的山區，一部分被同化融合到漢文化圈中。到了晚明，大批還被中原知識分子目為「蠻子」的粵人，已經自認為是漢文化的正宗代表，自覺加入到反抗外族入侵的抗清鬥爭中去。本書中詳論的袁崇煥及其幕僚等便是其中的代表。到了清初，廣東更成反清復明的重鎮。至於古代廣東社會發展後來居上的轉捩點，我認為是肇始於元代，躋身於前列則在清前期。

隨著廣東經濟實力的增強，與廣東相鄰的省份，如廣西、湖南、江西、福建等，都不同程度地受到廣東輻射影響。通過考察明代贛粵

兩省經貿關係，我們可以發現，如能較好地兼顧兩地各自的利益，是可以取得雙贏局面的。明朝贛粵兩省的地方政府，不是消極等待、無所作為，更不是互相抵制，而是採取積極態度，共同應對兩地發展不平衡的狀況。今天，廣東社會經濟發展同樣會遭遇類似情況，書中的論述，相信是會有某些啟迪的。

　　第三編歷史人物。明代以前，廣東籍的名人甚少。明代，廣東籍的優秀官員卻是成群地湧現。書中利用統計的方式，勾勒出明代廣東籍優秀官員的地域分佈狀態，廣東籍官員在明代社會、政治、經濟、軍事、思想、文化諸方面的地位和貢獻，並分析了其成群湧現的原因。在較全面分析的基礎上，又對一些重要歷史人物進行了研究。過去，學術界研究明朝萬曆年中朝人民聯合抗倭的歷史，從未正面肯定過陳璘的歷史地位。通過翻檢大量的中日朝文獻，並輔以赴韓實地調查，我認為陳璘在所有明朝赴朝抗倭將領中居功至偉，必須重新定位。晚明廣東士人的政治社會活動也是我重點考察的對象。我利用了《東莞袁崇煥督遼餞別圖詩》這幅名畫，逐一考證了圖詩中人物的生平經歷。歷來，學術界都十分重視晚明士人黨社運動研究，曾有過謝國楨的名著《明清之際黨社運動考》面世。但就廣東局部而言，對廣東晚明士大夫結社運動性質、特點、影響諸問題的研究，至今尚未真正展開。書中對《東莞袁崇煥督遼餞別圖詩》歷史人物的考訂，只能算是作了一點鋪墊，任務的完成則尚待來日了。

顏廣文

2007 年夏

第一編
驛道交通

元代粵西驛道驛站考

　　文中粵西，非特指元代之粵西，而是指今廣州以西，珠江西江以南，直至南中國海的廣大地區，包括今天佛山市、肇慶市、江門市、陽江市、茂名市、湛江市及其所轄市區縣的大部。為什麼特選元代粵西交通作研究呢？其一，治古代廣東交通史志者，往往詳於粵中、粵北、粵東諸地，而獨略於粵西，至於元代粵西地區的驛道驛站建設的研究更屬空白，實有填補這一空缺的必要。其二，元代驛站建設卓有成效，廣東也不例外。元代粵西驛道驛站的建設不僅強有力地鞏固了祖國南陲的統治，而且對後世影響深遠，對粵西行政管轄的最終確立、粵西社會經濟的開發和粵西海外貿易的發展等，均有過巨大影響。

一　元代粵西驛道驛站

　　研究元代粵西驛道驛站的建設，第一手材料應是尚存於《永樂大典》[1]下引該書同此版本，不再另注。殘卷中的《經世大典・站赤》和《析津志》。筆者正是以此作底本，參以顧祖禹《讀史方輿紀要》、明初官修《寰宇通志》、清代官修《嘉慶一統志》、清代阮元主修的《廣

1　《永樂大典》（北京：中華書局，1986年）

東通志》，並旁及驛道沿線的府州縣地方志、元明清三代的私人遊歷諸書。為閱讀方便起見，《元代粵西驛道驛站考》部分的常用之書將縮略為《站赤》、《紀要》、《清統志》、《阮通志》，餘則仍用全稱。

（一）唐宋原驛道驛站

唐末時期，廣州與高雷地區雖存在民間聯繫，但並沒有陸上官驛。由廣州到今粵西的遠端高雷地區，需由廣州溯西江而上至廣西的梧州，再經鬱林（今玉林市）的北流、陸川或廉州的合浦，再進入廉江（元代為化州路石城縣）。由廉江往北，可通高州；往南，則直通雷州和海南。此驛道雖非元代始創，但仍為元代所沿用，下面就對此驛道屬今廣東境內的驛站逐一進行考析。

官窯水驛。此乃元代廣州西行北行第一站。西行，可溯西江直通梧州；北行，可溯北江通韶州、南雄，越梅嶺進入江西，是為京師通廣州之主驛道。元修《大德南海志》載：「官窯站，船一十隻。」並設官窯水站館驛、官窯急遞鋪。[2] 下引該書同此版本，不再另注。驛設今佛山市南海區獅山鎮官窯，距廣州約八十里。

西南水驛。元代尚未設三水縣，屬南海縣轄。《大德南海志》載：「西南站，船五隻。」並設西南水站館驛。驛設今佛山市三水區政府所在地西南街道，距官窯約四十里。

崧臺水驛。此乃西江西行路上中轉樞紐驛站。《紀要》卷一百零一載，此驛溯西江繼續西行，經德慶、封州，「此為西達梧州之道」。折南行，經高要、新興、恩平、陽江，「為南達高州之道」，並直通雷瓊。清道光《肇慶府志》卷八載：「崧臺驛，在城西，包拯建。」即起設年代可上溯至北宋年間。元代為水站。《站赤》載：「府門站，船

---

2 陳大震：《南海志》卷十《水馬站》（廣州市：廣東人民出版社，1991年），頁85。

八隻，正戶八戶，貼戶四十。」驛址在今肇慶市城內江邊，距西南驛約四十里。

新村水驛。此驛元時屬德慶路轄水站。《站赤》載：「新村站，船四隻，正戶四戶，貼戶二十戶。」《紀要》卷一百零一載：「新村驛，在府西百二十里，舊置於德慶州之站灣，洪武五年移置於悅城水口。」明代嘉靖年間，田汝成曾任廣西布政使司左參議，赴任取道江西、梅關、韶州、官窯、肇慶、梧州，其間曾有一日早上自六（祿）步出發，中午過新村驛，下午遊三洲巖，夜宿德慶野塘鋪。[3] 下引該書同此版本，不再另注。由此可見，新村驛地處今高要市祿步鎮與德慶縣悅城鎮之間，今兩縣交界處新村鄉正是舊址，地屬高要市，距崧臺驛約一百里。

德慶水驛。德慶站，明清改稱壽康驛，水站。《站赤》載：「府門站，船五隻，正戶五戶，貼戶三十五戶。」《清統志》卷四百四十八載：「壽康驛，在德慶州東迎恩坊。」即今德慶縣城內，距新村驛約一百二十里。

麟山驛。《站赤》載：「封州路所轄水站一處，府門站，船五隻，正戶五戶，貼戶二十五戶。」麟山驛是元代始置重要驛站。《清統志》卷四百四十八載：「麟山驛，在封川縣西二里，面江枕塘，元至正中，置於縣西錦衣坊。」元代封州路府址在今封開縣封川鎮，而非今江口鎮，驛址應在封川鎮內，距德慶驛約一百二十里。

出麟山驛，下一驛站便是廣西梧州路府門驛，因已非今廣東粵西境內驛站，故考述從略。以下的大致驛程應是：自梧州府門驛，水路至藤縣藤江驛，轉陸路，過北流縣寶圭驛、鬱林西甌驛、陸州縣永寧

3　汪森：《粵西叢載》卷三，收錄於《筆記小說大觀》第九冊（揚州市：江蘇廣陵古籍刻印社，1995年），頁155。

驛，由此重新進入廣東廉江境內之三合驛。亦可由鬱林西甌驛，至廉州還珠驛東折，重入廣東廉江之息安驛。而三合與息安二驛於廉江縣城的新和驛匯合。

此驛道在唐宋時期乃是廣州通高、雷、瓊諸路的主驛道。它的重要地位可從驛道必經之路北流縣附近「桂門關」前唐宋文人墨客所留下的詩句碑刻得到印證。《元一統志》卷十載：「桂門關，昔時趨交趾，皆由此關。其南尤多瘴癘，去者罕得生還。諺曰，鬼門關，十人去，九不還。」唐代李德裕貶崖州，經此賦詩曰：「一去一萬里，千知千不還。崖州在何處，生度鬼門關。」宋代蘇軾由惠州轉貶崖州，以及由崖州回大陸任官，來去均經廣州、梧州、北流等地，是確鑿無疑的，也從來沒有人提出疑問。但是，對唐代李德裕是否沿此驛道去海南，則有不同看法。

著名歷史學家郭沫若便是代表人物。郭沫若認為，李德裕既沒有經過桂門關，也沒有作此詩；但是李德裕是走何路到崖州的，是海路，還是另有驛道，郭沫若統統沒有回答。[4]這就不能不說是過於武斷了。其實，李德裕還曾作〈貶崖州司戶道中〉及〈嶺外守歲〉二詩，記述他轉赴海南途中的見聞和心情。〈貶崖州司戶道中〉云：「嶺水爭分路轉迷，桄榔椰葉暗蠻溪。」潮州是惡溪不是蠻溪，蠻溪當指今廣西玉林、欽廉諸水；潮州也沒有什麼桄榔椰樹，椰類植物主要生長在今高雷以南地區。《嶺外守歲》則云：「五月畬田收火米，三更津吏報潮雞。」潮雞乃廣東特產。屈大均《廣東新語》卷二十〈諸雞〉云：「有石雞，特小，亦曰潮雞，潮長則鳴。」火米乃刀耕火種收穫之米，五月即可收穫。除高雷地區外，廣東是沒有如此早熟之稻的。

<hr />

4 郭沫若：〈李德裕在海南島上〉，收錄於《崖州志・附錄》（廣州市：廣東人民出版社，1983年），頁517-527。

可以斷定，唐代李德裕大體也是經由此驛道的。因本節主旨不在此，也就不再展開細述了。

據《析津志》卷一萬九千四百二十六載，此道自廉江新和驛後，依次分別是桐油、城月、雷州、將軍、英利、沓磊、白沙，然後渡海到達海南島。《析津志》共記述了元代全國約四十條主要驛道，自梧州至雷州、瓊州便列其中，足見其地位之重要。下面仍回到對屬今廣東境內之驛站的考析。

三合驛。此乃馬轎站。《站赤》載：「三合站，馬一十匹，正馬五匹，貼馬同，車一十輛，黃牛三十隻，轎一十五乘。」《紀要》卷一百零四載：「由廣西陸川縣永寧驛七十里而達三合驛。」明代徽商黃汴《一統路程圖記》卷八記述得更清楚：「陸川縣永寧驛，由回龍、流埇、麻陂、壚洞、尾流、茶六河等河，七十里至廣東石城縣三合驛。」驛址在今廉江市和僚鎮。

息安驛。《站赤》沒有記載此驛，而明初《寰宇通志》及《紀要》諸書均有記載。驛址在今廉江市青平鎮息安鄉，相傳為元朝皇慶年間所設。

新和驛。《站赤》載：「新和站，馬一十匹，正馬五匹，貼馬同。」新和驛為元驛站當確鑿無疑。（光緒）《高州府志》卷四十載：「天曆元年，石城縣尹黃昱遷縣治於新和驛。」《清統志》卷四百四十九也載：「元天曆元年，又移於新和驛，即今治。」驛址在今廉江市市區內。廉江，元代稱石城縣，屬化州路轄，一九一四年因避江西省石城縣復稱唐宋時廉江之名。新和驛距三合驛七十里，距息安驛八十里。自新和驛繼續南行，則達雷州路遂溪縣之桐油驛。

桐油驛。《站赤》載：「雷州路所轄轎站六處，馬六十匹，車六十輛，黃牛三百隻，坐轎六十乘，臥轎三十乘。在城站，馬一十匹，正馬五匹，貼馬同，車一十輛，黃牛五十隻，坐轎一十乘，臥轎五乘。

桐油站、城月站、將軍站、英利站、沓磊站，以上站赤各色並同前站。」由此可見，雷州路所轄各站均是大站，這也從側面反映了元代大陸與海南島聯繫日益密切。桐油驛為元代始置驛還有旁證。《清統志》卷四百五十一載：「桐油驛，舊在遂溪縣西北三十五里桐油村，至元十七年置，明初改建於城內北街拱辰坊。」《阮通志》也載：「桐油驛丞廢署在縣西北桐油村。」[5]下引該書同此版本，不再另注。站址在今遂溪縣城西桐油村，距新和驛約七十里。

城月驛。《站赤》載，其規模與桐油驛等。站址即今遂溪縣城月鎮，距桐油驛約六十里。

雷州驛。明清改稱雷陽驛。《站赤》載，其規模與城月驛等。站址在今雷州市雷城街內，距城月驛約九十里。雷州乃粵西重鎮。《紀要》卷一百零四載：「雷州，三面距海，北負高涼，有平田沃壤之利，且風帆順易，南出瓊崖，東通閩浙，亦折衝之所也。」元代極重視雷州建設。《元史》卷六十三《地理六》載，至元十七年（1280年），定雷州為「海北海南道宣慰司治所，戶八萬九千五百三十五，口一十二萬五千三百一十，屯田一百六十五頃有奇」。元代治雷州名臣亦多，先後有阿里海牙、烏古孫澤、王都中等。他們興利除弊，注重發展社會經濟，使雷州進入歷史上的大發展時期。由於地處交通要道，雷州留下的名勝古跡頗多，較著名的有漢代伏波廟和跑馬泉，唐代雷祖祠和天寧寺，宋代西湖和十賢祠，明代蘇公亭和三元塔。由此可見古代雷州交通地位的重要性。

將軍驛。《站赤》載，此驛與雷州驛規模相等。驛址在今雷州市龍門鎮。為什麼叫將軍驛呢？（嘉慶）《雷州府志》卷十九載：「元正元間，因二石如將軍，故名。」因二石對立，形似龍門，明萬曆以後

---

5 阮元：《廣東通志》卷二百二十三（上海市：上海古籍出版社，1990年），頁3945。

撤驛，人們又改稱龍門。驛距雷州驛約六十里。

英利驛。此驛規模與將軍驛等。驛址在今雷州市英利鎮，距將軍驛約七十里。

沓磊驛。此驛規模與英利驛等。驛址在今徐聞縣海安鎮。《清統志》卷四百五十一載：「沓磊驛，在徐聞縣東南二十里海安所城中，其南有沓磊浦。」海安，宋代稱「博漲」，明代洪武年間改海安，意取「海疆安寧」。此驛乃整個驛道上大陸最南端的驛站，渡海六十里，即到海南島白沙驛，由白沙驛十里而至瓊州城，即今海口市了。因海南今已從廣東脫離獨立成省，已非本命題範圍，故海南諸驛考訂亦從略。由於沓磊驛乃大陸終端南驛，極目海天一色，內陸人到此，身處天涯，難免有一番感觸，故此處亦留下許多佳句。如元代「四大家」之一的范梈曾任海北海南道廉訪司照磨，赴任道上，在廣東封州曾作〈封州作〉。詩云：「魏闕迢迢隔彩霞，另來幾歲客天涯。春風二月崖州道，時見棠梨一樹花。」到沓磊驛又作〈登沓磊驛樓自此渡〉。詩云：「半生長以客為家，罷直初來瀚海查。始信人間行不盡，天涯更復有天涯。」足見元代此驛道仍是主驛道。

不過，這驛道存在著三大缺點：其一，從廣州到雷州須繞一個大圈，到高州更須在化州折回北行；其二，西江路段水險，汛期常常中斷驛行；其三，廣西路段路險，人跡稀少，常為盜賊所侵。於是，就勢必迫使人們去尋找和開闢新的通粵西的驛道。

（二）元代新開之粵西驛道驛站

這一驛道是從廣州至肇慶，在崧臺驛折南，經南恩州，直插高、雷、瓊諸地。此驛道的開闢始自元初。阮元《廣東通志》卷二百四十一載，元朝第一任廣東道宣慰使塔剌海哈為入粵名宦，任內二十餘年做了不少有益於社會經濟發展的好事，其中有兩件事與粵西發展有重

大關係：一是於至元二十九年上疏言：「肇慶、德慶二路，封、連二州，宋時隸廣東，今隸廣西不便，請復隸廣東。」忽必烈馬上就同意了塔刺海哈的建議，將粵西大片地區重新劃入廣東。二是該志載，塔刺海哈曾「又開西驛道以便步遞」，並「立水旱站一十餘所，水鋪一十五起，蓋倉庫驛舍官廨等七百十餘區」，足見是一個相當規模的工程。這條新開的西驛道是通往哪裏的呢？歷史上從來沒有人從正面加以專門考證。近有廣東省社會科學院蔣祖緣、方志欽二先生主編的《簡明廣東史》中指是「縮短了廣州與大都間旅程」[6]。其實不然。元代通大都的驛道《析津志》曾有明載，主道為廣州至韶州，經南雄梅關進入江西贛州（餘略），此驛乃唐代張九齡所開，歷唐、宋、元、明、清不衰。主驛道以西仍有廣州至粵北樂昌，到湖南宜章，以及廣州至粵西連州，進入湖南郴州兩驛道，兩驛道也為唐宋時期所拓，華南師範大學歷史系關履權教授曾有詳論，此略。[7]聯繫塔剌海哈所做的兩件事情，其所開西驛，並非通大都，而是經肇慶，走南恩州，直通高雷以至瓊州、欽州諸路。當然，單憑推測是不行的，我們還得盡力去考訂出這條西驛道的站址、規模、里程等等。因前面已詳述了廣州至肇慶諸站，這裏就不再重複了，新驛的考證就從肇慶崧臺驛以南開始。

新村驛。前述西江路上德慶有新村站，而此新村站則是自崧臺驛南折，經新興江，進入今高明、新興地區。《站赤》載：「新村站，船四隻，正戶四戶，貼戶二十戶。」此乃水站，元代屬肇慶路轄。查道光《肇慶府志》卷三載：「縣南三十里，遷修鄉、新村都。」即今高要市新橋鎮。後因距崧臺驛太近，明代弘治年間南遷至腰古驛，明時

6　蔣祖緣、方志欽：《簡明廣東史》（廣州市：廣東人民出版社，1993年），頁178。下引該書同此版本，不再另注。

7　關履權：《宋代廣州的海外貿易》（廣州市：廣東人民出版社，1994年），頁170-191。

腰古屬新興，今屬雲浮市腰古鎮，距崧臺驛約八十里。

新州驛。《站赤》載：「馬站在城站，馬六匹，正馬三匹，貼馬同。」又載：「水站在城站，船六隻，正戶六戶，貼戶三十戶。」《清統志》卷四百四十七載：「新昌廢縣，在縣東四十餘步，今新昌驛即其舊址。」驛址正好在今新興縣城內。從新州水馬站的規模來看，此乃粵西重要驛站，是兩條全國性的重要驛道的交會點。據《析津志》載，這是自靜江（桂林），經梧州，入德慶、肇慶、新州出海的一條重要驛道的終點站。然而，新興江並不直接通海，新興江發源於恩平、雲浮諸山，然後北流，經新興、高要等縣注入西江。而由新州到海，則尚須穿過恩平，轉新會之蜆岡，才能通海。這一通道，在元代應該是暢通的。明代萬曆年間兩廣總督凌雲翼曾說：「查自廣東省城水路至新會縣之蜆岡驛，登陸計至高州八站，至雷廉各十二站，至瓊州十五站。」[8] 比較《析津志》與《站赤》所載站名，《析津志》常有缺漏。故此，可視為《析津志》漏載了恩平驛站。此驛距腰古驛約五十里。

獨鶴驛。《站赤》載：「獨鶴站，馬四匹，正馬二匹，貼馬同。」《清統志》卷四百四十七載，獨鶴驛得名於獨鶴山，而獨鶴山則恰好在新興、恩平、開平三縣交界處，「南去恩平縣一百里，西北去新興縣七十里，在開平縣西三十里」。驛址在今新興縣裏洞鎮。裏洞取名於山中之意，距新州驛約七十里。

恩平驛。此驛元代屬南恩州陽江縣恩平堡，明代才復建恩平縣。《站赤》載：「恩平站，馬四匹，正馬二匹，貼馬同。」此驛始創於宋代。《紀要》卷一百零一載：「恩平馬驛，宋置於縣東三里，今名古

---

8 凌雲翼：〈奉命大徵功已垂成並預計善後之圖以保久安疏〉，收錄於《蒼梧總督軍門志》卷二十六（全國圖書館文獻縮微複製中心，1991年），頁320-321。下引該書同此版本，不再另注。

站村。」（道光）《恩平縣志》也載：「恩平驛，宋開寶中於縣東二里建。」今古站村已併入城區了，距獨鶴驛約八十里。

南恩州驛。《站赤》載：「南恩州在城站，馬六匹，正馬三匹，貼馬同。」元代南恩州州治即今陽江市城區內。南恩州驛也是重要驛站。《清統志》卷四百四十七載：「海，在陽江縣南三十里，東接廣州府新寧縣，西接高州府電白縣。」又載：「《寰宇記》引《投荒錄》云，恩州濱海，最為蒸濕，當海南五郡泛海之路。凡自廣至勤、春、高、潘等七州，舊置傳舍，自廣州泛海，行數日方登陸。人憚海波，不由傳舍，故多由新州陸路。」即宋元時期，廣州到高、雷、瓊既有從海路到陽江轉陸路，也有從新興轉陽江兩種選擇。《紀要》卷一百零一也載：「縣南北津外名曰鎮海，自此東屈而北，可達新會、東莞、廣州，西轉而南，達高、雷、廉、瓊，商運咸取道焉。」今陽江市北津港仍為粵西重要的天然良港。此驛距恩平驛約一百三十里，由於路途太遙，明代又於兩者之間置蓮塘驛，驛址今陽江市合山鎮。

至此，《站赤》所記粵西諸站已盡，然獨不見高州路的記載。據始修於洪武年間的《寰宇通志》卷一百零二《廣東》記載，餘下尚有太平驛、那夏驛、古潘驛、陵水驛四驛站。

太平驛。太平驛始創於宋代。《紀要》卷一百零一載：「太平驛，在縣西百十里，宋置大墟站，在今驛西十里，洪武初改置太平驛，十二年移建於此。」（道光）《陽江縣志》卷一也載：「太平驛，宋建大墟站，明洪武初改太平驛。」明清太平驛在今陽春市潭水鎮，宋代大墟站在今陽春市三甲鎮。三甲原唐宋春州治，今三甲鎮舊院村仍有護城河遺址，舊院乃舊縣變音而來。大墟站距南恩州驛約一百二十里。

那夏驛。《紀要》卷一百零四載：「那夏驛，在府東九十里。」據《蒼梧總督軍門志》卷三所附《高州府圖》所示，那夏驛正在今茂名市城區內。《蒼梧總督軍門志》卷二十六又載：「那夏驛置大陵，以接

高州府之古潘驛。」於是，清代改那夏驛為大陵驛。那夏驛距大墟站約一百六十里。

古潘驛。《寰宇通志》卷二百零五載：「古潘驛，在府城南一里。」驛在今高州市市區。高州唐時稱潘州，元立高州路即從此命名，距那夏驛七十里。古潘驛也是交通要驛。明朝開發從德慶，南折，經羅定、信宜，另一條入高雷的驛道，其匯合點正是古潘驛。

陵水驛。《寰宇通志》卷二百零五載：「陵水驛，在化州城南半裏。」驛址正好在今化州市城，距古潘驛約九十里。

至此，我們可以大致看出，元代塔剌海哈所闢，並為元代後任官員所修補的西驛道驛站的線路和規模。

二　元代所開新驛道的評價

為什麼元政府要花費巨大的人力、物力來開拓這一新驛道呢？也就是說，其動因何在？

元代修築粵西新驛道的第一個動因，是支持當時對占城、交趾的戰爭。《元史‧兵志‧站赤》說得很清楚，設立驛站的首要目的是「通達邊情，布宣號令，古人所謂置郵而傳命，未有重於此者焉」。元初征交趾、占城的軍隊多從廣州出發。至元二十年（1283 年），忽必烈令唆都率軍隊，從廣州出發，由海路攻佔了占城港。至元二十一年（1284 年），忽必烈又命其子鎮南王脫歡從陸路夾擊交趾。兩支軍隊均大量抽調原駐紮在廣東境內的將士，如至元二十二年（1285 年），取「江淮、江西、荊湖三行院分漢軍、新附軍四千人，選良將將之，取鎮南王脫歡，阿里海牙節制，以徵交趾」。《元史》卷十四〈世祖十一〉載，至元二十三年（1286 年），「命荊湖占城行省將江浙、湖廣、江西三行省兵六萬人伐交趾」。為保證能迅速掌握軍情，

勢必要開闢這條自欽、廉、雷到廣州的交通捷徑。事實上，元代驛道驛站不僅僅用來傳遞軍情和供官員往來使用，也常用於轉運軍餉、海舶貨物等物資。元軍以此驛道作為征伐占城、交趾軍補給的生命線。從最接近占城、交趾的廣東、廣西、雲南諸地的社會經濟發展狀況來看，廣東的糧食是遠征軍軍糧的主要來源。據《元史》卷九十三〈食貨一〉載：「元初，廣東的糧食是十分充裕的，當時江西行省所徵稅糧約達一百一十六萬石，占全國諸省的第三位。廣東還有大量糧食出口，出口量竟達『伯碩仟碩至萬碩者』，以致元政府不得不下令嚴屬禁止。」[9]為保衛這條軍需補給線，元軍付出了巨大的代價。《元史》卷一百九十三〈合剌普華傳〉載，至元二十年（1283年），廣州附近發生了歐南喜、黎德領導的大規模農民起義，影響波及南海、新會、清遠、東莞、博羅，時「右丞唆都督兵徵占城、交趾」，廣東都轉運鹽使合剌普華「屬護餉道」。為了打破農民起義軍對廣州城的封鎖，合剌普華親自出城征戰，受傷被擒，後殉職於護餉。又據《元史》卷一百六十六〈張玉傳〉載，隨後，因「遏絕占城糧運」，至元二十一年（1284年），又另派大將張玉「率兵討平之」。而在高雷地區，為保護這條驛道的暢通，也發生了多次激戰。據《廣東通志》載，石城（今廉江）人羅郭佐一家曾多人死於護餉事上。該志云：「羅郭佐，從原征南將軍史八萬討平海北，以功授朝列大夫、化州路總管，尋授廣州路總管，督運廣東糧餉給海北軍士，沿海遇賊而歿。」同時死難者有其長子郭震。其後，次子郭奇、郭奇子元珪、郭奇孫仕顯，均或護餉道或剿盜寇而亡，時人稱「羅五節」[10]。至元二十三年（1286年），湖廣行省左丞劉國傑又在肇慶一帶圍剿盜賊鄧太獠等。為了支

9　《通制條格》卷十八〈下番〉（臺北市：文海出版社，1984年），頁601。

10　阮元：《廣東通志》卷二百九十八〈羅郭佐傳〉，頁5120。

持戰爭，元政府還於至元二十一年（1284 年）下令，「荊湖占城等
處，造舟運糧供給占城之役」，其中，肇慶路、廉州路、化州路都增
加了官司鋪馬，「每處增起馬一疋，剗子二道」[11]。

　　元代修築粵西新驛道的第二個動因，是為了加強廣州與高雷地區
的海外貿易商品運輸。高雷地區地處中國大陸的最南端，自秦漢開始
至今，海外貿易就從來沒有間斷，只是因各個時期不同情況而有所輕
重。《漢書‧地理志》就有詳盡的關於高雷地區徐聞合浦港海外貿易
繁榮景象的記述，唐代李吉甫《元和郡縣圖志》追述了漢唐高雷地區
海外貿易的規模，並引當時關中諺語，「欲拔貧，詣徐聞」。明代還一
度把廣州市舶司遷至高州府電白縣。這些情況，正說明今湛江、茂名
一帶存在著良好的海外貿易自然條件。宋元交替，廣州成為兩軍爭奪
的焦點，幾經反覆，破壞甚大，當時更有人稱，「廣東之戶十耗八
九」[12]。元初，廣州的海外貿易地位急劇下降。一方面，原宋代廣州
的海外貿易地位迅速讓位給福建的泉州；另一方面，由於高雷地區基
本上是招降的，「獨完不殘」[13]，高雷地區的海外貿易又重新得到發
展。鑒於元初高雷地區海外貿易額大增，據《元史》卷十七〈世祖十
四〉載，至元三十年（1293 年），忽必烈「立海北海南博易提舉司，
稅依市舶事例」。司址即設於雷州。但僅過了一年許，忽必烈去世，
成宗繼位，即「罷海北海南市舶提舉司」。這與元初海外貿易時開時
罷有關，也與廣州海外貿易的重新崛起有關。在成宗元貞元年以前，
為了將舶貨轉運至廣州，就有必要開闢這條新的「西驛道」，而廣州
正是這些舶貨的中轉站。

---

11 《永樂大典》卷一萬九千四百一十八〈經世大典‧站赤〉，頁7205。
12 姚燧：《平章政事史公神道碑》，載於《元文類》卷六十二（上海市：上海古籍出版
　　社，1993年），頁812。下引該書同此版本，不再另注。
13 同上。

　　此外，值得學者們注意的是，在《元史》、《元典章》、《通制條格》諸元代史籍每提到設立市舶司時，其它地方總是直接指某一城市，而廣東市舶司則從來沒有寫成是廣州市舶司的。如《元史‧百官七》載：「延祐元年，弛其禁，改立泉州、廣東、慶元三市舶提舉司。」《元史‧食貨二》又載：「至元三十年，立泉州、上海、澉浦、溫州、廣東、杭州、慶元市舶司凡七所。」足見，當時的廣東市舶司實兼領潮惠一帶的海外貿易，極有可能還兼領海北海南博易提舉司的事務。而忽必烈又明確規定廣東的市舶司事宜均隸廣東宣慰司，《元史‧百官七》「市舶提舉司」條載：「至元二十三年，立鹽課市舶提舉司，隸廣東宣慰司。」當時的廣東宣慰使塔剌海哈就完全有可能，也有必要開闢這條當時跨省的西驛道了。否則，這條西驛道又何須建倉庫、驛舍達七百多所呢？其實，元代由某一地方行政長官跨省統管幾個市舶司也有先例。據《元史》卷九十四〈食貨二〉載，至元十四年（1277年）：「立市舶司於慶元、上海、澉浦，令福建安撫使楊發督之。」據此，由廣東宣慰使兼管海北海南博易提舉司，是完全有可能的。

　　元代這一新驛道的開闢，對廣東社會經濟發展產生了重大影響。

　　新驛道的開闢和建設大大加強了今廣東境內廣州與高雷地區的溝通，並最終使這一地區和海南島劃入廣東管轄。如果沒有這條驛道，我們難以想像為什麼明朝甫建，就立即將原唐宋元屬於廣西管轄的高、雷、欽、廉、瓊諸地區劃入廣東政區。應該承認，元以前廣州經肇慶、陽江諸地與高雷地區的民間聯繫是肯定存在的，但畢竟不是官道，更不是主道，作用是有限的。元朝統治者在進軍嶺南、全殲宋軍殘部的戰爭過程中，第一次認識到這一通道的重要性。至元十六年（1279年），元軍統帥張弘範於水路，副帥李恒於陸路，夾擊聚殲張世傑、陸秀夫擁戴的南宋小朝廷於廣東新會崖山，殲滅了宋軍的絕大部分。但仍有小部分由張世傑率領，乘舟衝出了重圍，沿海岸線繼續

南逃，而當時的趙昺小皇帝也不知所終。於是，李恒便親率大軍，從陸路一直追至高雷地區。《經世大典序錄》載：「恒追至高州得獲昺屍報，遂回。」[14]《元史・李恒傳》載，李恒「追至高、化，詢之降人，始知衛王已死，遁者乃世傑也」。《元史・世祖本紀》則認為追得更南一些，直至瓊雷。不管怎麼說，李恒的這一次千里追擊，使元朝統治者第一次認識到這一線路的價值。於是，便下大氣力去開闢、去建設，其中有些事蹟還是相當感人的。如在修新州驛道時，便湧現出兩位優秀的地方官。元時新州，為少數民族聚居之地，也為山賊聚居之所，山高路險，人煙稀少，數百里荒涼，更有令兩廣以外人們談虎變色的所謂「瘴癘」。但原籍濟南的高芝，「大德知新州，清節凜然，愛民禮士，惠鮮鰥寡，修飭學校，又嘗於驛道栽松，以便行者」。而原籍真定的倉振，「延祐知新州，又嘗於驛路夾植榕樹松樹」，故州人歌曰：「高松倉榕，一路清風。」其後，明代嶺西僉事劉洵仿高、倉事例，「令里胥分地而植，既植而護之，遣官時巡驗勤怠，甚美意也」，但是成效不大，「洵去而前功復廢」[15]。

　　經過元政府近百年的經營，到明朝統治者統一廣東時，便直截了當地利用了這一驛道。明朝洪武元年（1368年），征南將軍廖永忠攻下廣州，便馬上派人檄傳高雷守官，逼其到廣州投降，廣東全境平定。洪武二年（1369年），朱元璋令：「以廣西海南海北府州隸廣東省。」[16]高、雷、瓊地區的行政歸屬，大致可分為兩個階段。唐宋元時期分別屬嶺南西路、廣南西路和湖廣行省管轄，其政區傾向完全保

14　《元文類》卷四十一〈經世大典序錄〉，頁517。

15　〔康熙〕《肇慶府志》卷十八，收錄於《稀見中國地方志彙刊》（北京市：中國書店，1992年）。下引該書同此版本，不再另注。

16　《明實錄・太祖實錄》卷四十三〈洪武二年六月戊子〉條（臺北中央研究院歷史語言研究所，1962年）。下引該書同此版本，不再另注。

持與廣西一致。而到了明清和近現代，除海南島於一九八八年獨立成省外，整整六百多年歸屬廣東不變。這就不能不說與元代開闢的這條新驛道有密切關係。

新驛道的開闢還具有很高的經濟實用價值。首先，大大縮短了驛程。以廣州至今廉江的新和驛計算，經廣西的舊驛程約為一千五百里，新驛程約為一千里，全程約縮短了三分之一。其次，新驛道比舊驛道安全得多。舊驛道從肇慶到梧州的西江水路是極其艱險的。這一點清代的顧祖禹也是有充分認識的。《紀要》卷一百零一載：「高峽山，府東三十里，高百餘仞，周十里，與爛柯山對峙，江流至此，夾束而出」，「水中有亞婆頂、釣魚臺，皆最湍急處」，來往船隻觸礁沉沒無數，此峽今稱羚羊峽。而明末清初廣東著名學者屈大均的敘述則清晰得多。屈大均於《廣東新語》卷三〈山語‧兩三峽〉中說：「大湘、小湘、羚羊為西三峽」；「每當夏漲，水如萬馬奔騰，岩壑盡崩，舟與驚濤相為勁敵，其性即湍悍，又苦峽門隘小，稍失勢，則帆檣倒下千尺」。屈大均還賦詩云：「六月滇黔水大來，端州城門不敢開；左右雙江爭一隻，白波倒卷失崧臺；……洪濤鼓舞不因風，一出峽門成浩淼。」廣東受颱風影響極多，如此，汛期的航行便完全沒有保障，而廣東的汛期則幾近半年之長！即使進入廣西驛道，也非坦途。廣西的鬱林州、容州、梧州一帶，峰巒疊嶂，元時仍為所謂「群獠諸蠻」聚居的地方，盜賊出沒，為極其落後的地區。新驛道的開闢基本上解決了這兩個問題。驛道自崧臺南折，所經又基本上是沿海較為富庶之區，選道是較為合理的。新驛道開闢後，其地位漸漸取代舊驛道，還經常為經商者利用。明代隆慶年間徽商黃汴的《一統路程圖記》，對這條元代開闢的新驛道就有詳盡並較為準確的記述。明代天啟年間另

一著名徽商程春宇的《士商類要》，也詳記全驛程。[17]二人都是純粹的
商人，從未為官。可見，此驛道已為商人所熟知、所利用，其對社會
經濟的促進作用就更大。最後，驛道的開闢，通過修路、築城、駐
軍、剿盜，使驛道沿線的路、州、縣都有了不同程度的發展，而元代
的高雷地區也進入大開發時期，一躍而成為全國重要的糧產區和經濟
作物種植區。[18]

元代隆興至潮州新驛道的開闢及影響

　　元朝政府十分注重南疆地區驛道、驛站的建設，鞏固對南疆邊陲
的統治。其中，至元十九年（1282 年），江西行省廣東道宣慰使塔剌
海哈開闢了自廣州至高、雷、瓊、欽、廉乃至越南的驛道，全程「立
水旱站一十餘所，水鋪一十五起，蓋倉庫驛舍官廨等七百十餘區」
[19]。這是一項大規模的修驛工程。至元二十一年（1284 年），塔剌海
哈的繼任者、廣東道宣慰使月的迷失又闢驛自隆興（今江西省南昌
市），經撫州（今江西省臨川市），入邵武（今福建省邵武縣），下汀
州（今福建省長汀縣），然後順汀江直下潮州（今廣東省潮州市）。全
程「徑道一千六百餘里」，「立站一十七處」。[20]這是一項與塔剌海哈所
開粵西驛道並稱的工程。此節作為《元代粵西驛道驛站考》的補充，
對元代南疆驛道建設的概貌作一簡要描述。

17　楊正泰：《明代驛站考・附錄》（上海市：上海古籍出版社，1994年）。下引該書同此
　　版本，不再另注。
18　韓儒林：《元朝史》上冊（北京市：人民出版社，1986年），頁388。下引該書同此版
　　本，不再另注。
19　阮元：《廣東通志》卷二百四十一，〈塔剌海哈傳〉，頁4212。
20　《永樂大典》卷一千九百四十八〈經世大典・站赤三〉，頁7209。

一 隆興至潮州驛道驛站

為方便閱讀起見，該部分常用之書仍將縮略為《站赤》、《紀要》、《清統志》，餘則仍用全稱。

（一）今江西省段

隆興在城站。《站赤》載：「在城站，馬一百二十匹，正馬六十匹，貼馬同。」元代隆興是江西行省治所，為華南地區東西南北多條驛道的交會點，是為大站。明清改名南浦驛，站址在今江西省南昌市內。

土坊站。《站赤》載：「土坊站，馬五十四匹，正馬二十七匹，貼馬同。」《清統志》卷三百零九載：「土坊市，在進賢縣西五十里。《九域志》，南昌縣有土坊鎮；縣志，舊並置土坊驛。」又載：「武陽驛，在（南昌）縣東南四十里，道出撫州，久廢。」可見，土坊站在明清改稱武陽驛，站址正好在隆興與進賢縣中間，今武陽鎮，距南昌市約四十里。

進賢站。《站赤》載：「進賢站，馬六十匹，正馬三十匹，貼馬同。」站址在今進賢縣，距土坊站約六十里。

雲山站。《站赤》載：「雲山站，馬六十六匹，正馬一十八匹，貼馬同。」站址在今進賢縣雲山鎮，距進賢站約五十里。

撫州在城站。撫州同時設水站和馬站。《站赤》載：「在城站，馬四十八匹，正馬二十四匹，貼馬同。」水站則稱孔家渡站。《站赤》載：「孔家渡站，船七隻，正戶五十六戶，貼戶七十九戶。」撫州水馬站均可通福建，可供往來官員選擇。馬站可陸行至建昌站，中間有東館站和滕橋站。水路至建昌中間有石門站。《站赤》載：「石門站，船七隻，正戶五十六戶，貼戶六十四戶。」撫州站是重要的交通樞紐。撫州除東南出福建、廣東外，東北可出安徽、浙江。撫州站址在

今臨川市內，距雲山站約六十里。

東館站。《站赤》中沒有東館站記載，但東館站的確存在。《析津志》載：「撫州五十里，正南偏東東館站。」《清統志》卷六百二十二載：「東館市，在臨川縣南六十里，元置稅課局於此，明初又置公館，後俱廢。」東館應是「撫州以東公館」的意思，東館站址在今臨川市東館鎮，距撫州站約五十里。

滕橋站。《站赤》載：「滕橋站，馬三十六匹，正馬一十八匹，貼馬同。」滕橋站址在今臨川市滕橋鎮，距東館站僅二十餘里。由於滕橋與東館二站相距太近，故後來　裁東館站而留滕橋站。

建昌在城站。建昌同時設水馬站。《站赤》載：「在城站，馬六十六匹，正馬三十三匹，貼馬同。船八隻，正戶六十四戶，貼戶八十五戶。」顯然，建昌也是較為重要的驛站。《紀要》卷八十六載：「府據七閩之咽喉，壯兩江之唇齒，山川環結，形勢峻險，號為東南上游。」建昌東去，經杉關，是自隆興至福建的捷徑。元初，江西、福建兩省幾次分合，分合時間各書記載不一。據《清統志》卷四百二十四載，修於元代的《三山續志》中記有：「至元二十年復置行省，二十二年併入江西行省，二十三年復置，明年改行尚書省，二十八年仍併入江西，二十九年仍置行中書省。」直至大德三年（1299 年），福建併入江浙行省才大體定型。由於元初江西與福建關係密切，這一驛道是非常繁忙的。建昌站也可折南，抵南豐州。《站赤》載：「南豐州在城站，馬二十二匹，正馬一十一匹，貼馬同。船四隻，正戶三十二，貼戶三十八。」本來，從南豐州南下，直抵瑞金，折東到汀州，是一條到潮州最近的道路。但是，南豐州以南的廣昌、石城諸縣，元代史書不見有設驛站的記載，直至明清，如《明會典》、《寰宇通志》、《紀要》、《清統志》及《方志》仍不見有設驛站的記錄。我們相信，元代武夷山脈西側自南豐到瑞金是不存在官修驛道的。另據《站

赤》記載，瑞金僅設一很小規模的水站，「船二隻，正貼不開」。瑞金站是順貢水，經會昌、雩都到贛州的。由於瑞金到福建汀州僅需六十里，這就為明代開關從贛州經瑞金到汀潮驛道提供了條件。可以推斷，元代月的迷失新關驛道應在武夷山脈東側。建昌站址在今南城市區，距滕橋站約六十里。

藍田站。《站赤》載：「藍田站，馬四十四匹，正馬二十二匹，貼馬同。」《清統志》卷三百二十一載：「藍田鎮，在南城縣東八十里，與新城縣接界，宋置稅務，元改為驛，明置巡司。」《析津志》載：「建昌（八十）、藍田（六十）、杉關，去邵武路北福建界。」由於藍田距建昌及杉關二站均太遠，明代取消藍田驛，在新城縣（今黎川）設五福驛，在建昌設硝石驛（又稱石硤）。明代徐霞客曾游建昌名勝覺海寺，宿硝石。徐霞客還記曰：「硝石鋪，去府已四十里矣。市肆其長，南東兩溪至此合流，南來者為新城之溪，東北者為杉關之水。東溪舟抵五福尚四十里，至杉關尚陸行三十里，則江閩分界。」[21]藍田站址未確，似應為今嚴和鎮，距建昌站約八十里。

（二）今福建省段

杉關站。《站赤》載：「杉關站，馬二十六匹，正馬一十三匹，貼馬同。」杉關全時也是轎站，「轎二乘，正戶二戶，貼戶同」。福建地勢險峻，北有仙霞，西有武夷，東臨大海，南連廣東。元代陸路入閩主要有三途：「自江山入浦城者曰仙霞，自建昌入光澤者曰杉關，自信川入崇安者曰分水，俗稱大關。」[22]元初江西與福建關係特殊，故杉關始建於元。《紀要》卷九十八載：「杉關，在杉嶺上，有杉關驛，

---

21 《徐霞客遊記·江右遊日記》（上海市：上海古籍出版社，1980年），頁130。

22 王沄：《閩游紀略》，收錄於《小方壺齋輿地叢鈔》第九帙（杭州市：杭州古籍書店，1985年），頁104。

元統初建，明朝因之。」關於杉關地理位置的重要性，《紀要》卷九十五載：「福建，其重險則有仙霞、杉關。」仙霞此略，專記杉關。「杉關，在邵武府光澤縣西北九十里，西至江西建昌府百二十里，有杉關嶺置關其上，為江閩往來之通道。說者曰，仙霞之途紆回峻阻，其取之較難；杉關之道徑直顯露，其取之較易。閩之有仙霞、杉關，猶秦之有潼關、臨晉，蜀之有劍閣、瞿塘也。」明初朱元璋派廖永忠、朱亮祖統一南方。廖永忠取梅關陸路入廣東，朱亮祖軍一支取杉關入福建，然後泛海，兩路大軍匯於廣州。元初，杉關驛道是非常繁忙的。杉關站址在今杉嶺上，距江西藍田站約六十里。

杭川站。杉關站陸行下來，至光澤縣城杭川，杭川並設水馬轎站，水站可順富屯溪下順昌。《站赤》載：「杭川站，馬三十匹，正馬一十五匹，貼馬同。轎戶正戶五戶，貼戶同。船二隻，正戶二戶，貼戶五十八戶。」杭川站址在今光澤縣城，距杉關站約八十里。

樵川站。樵川同樣也是水、馬、轎三站並設。《站赤》載：「樵川站，馬三十匹，正馬一十五匹，貼馬同。轎二乘，正戶二戶，貼戶同。船四隻，正戶四戶，貼戶一百二十戶。」樵川站址在今邵武市城區，距杭川站約八十里。樵川站後分兩支道：陸路至麻沙站，再到建陽站，接上自分水關入閩的驛道；水道順富屯溪下，至水口站、順昌站，折南下汀州。月的迷失所修新道應是水道。但是，《析津志》卻載：「邵武、麻沙入水路東南，水口、順昌。」《析津志》所記有誤，這可從下一站水口站設置變化中得到印證。

水口站。《站赤》載：「水口站，船三隻，正戶三戶，貼戶六十七戶。」明清水口均設鎮。《紀要》卷九十八載：「水口鎮，府東百六十里有水口巡司，宋為水口寨，元因之。」但水口設站與樵川站太遠。至元三十一年（1294年），福建官員上奏：「南劍路順昌站，北至邵武路水口水站八十餘里，水口至樵川站一百餘里，地裏窮遠」；「今議

得：既是南劍路順昌站取水口至樵川，地裏窮遠，擬將水口站移於拏口設立，仍於富屯並添水站一處」。並認為：「江西經過杉關至光澤縣杭川站，俱各水站，順便擬合乘船下流，比之馬程實然快便。」創置「富屯站，船七隻，轎五乘。拏口站，船八隻，轎五乘」。[23]拏口站在今邵武市拿口鎮，距邵武樵川站約八十里。富屯站址在今順昌縣大幹鄉富文村，距拏口站約七十里。

雙峰站。《站赤》載：「雙峰站，馬八匹，正馬四匹，貼馬同。轎三乘，正戶三戶，貼戶九戶。船五隻，正戶五戶，貼戶四十五戶。」《清統志》卷四百三十載：「雙峰驛，在順昌縣南。」雙峰站即順昌站，距富屯站約六十里。驛道至順昌站分兩支。順昌沿閩江直下，經南劍（今南平）、閩清，抵福州，這是福建行省內的主幹驛道。順昌站折南，經將樂、明溪、清流，直下汀潮。

三華站。《站赤》載：「三華站，馬八匹，正馬四匹，貼馬同。轎三乘，正戶三戶，貼戶闕。船三隻，正戶三戶，貼戶二十七戶。」從三華站水馬轎三站並設、規模不小的情況來看，這段驛道相當繁忙，絕非僅抵汀州。《紀要》卷九十七載：「三華驛，在縣西，元置三華站，明初改為驛。又白蓮驛在縣西南六十里，宋為張安館，元至治初改為站，明初改為驛。」三華站址在今將樂縣城，距雙峰站約八十里。

白蓮站。《站赤》載：「白蓮站，馬八匹，正馬四匹，貼馬同。轎三乘，正戶三戶，貼戶闕。」白蓮站址在今將樂縣白蓮鎮，距三華站約六十里。

明溪站。《站赤》載：「明溪站，馬八匹，正馬四匹，貼馬同。轎三乘，正戶三戶，貼戶闕。」明溪站址在今明溪縣城，距白蓮站約八十五里。

　　玉華站。《站赤》載：「玉華站，馬六匹，正馬三匹，貼馬同。轎三乘，正戶三戶，貼戶同。」《清統志》卷四百三十五載：「玉華驛，在清流縣東北四十里，以前有玉華洞，故名。」玉華洞是閩中名勝，明代徐霞客也曾到此遊覽，恰逢下雪，對其美麗風光讚歎不已。[24]玉華站址在今清流縣嵩溪鎮，距明溪站約六十里。

　　清流站。《站赤》載：「清流縣站，馬六匹，正馬三匹，貼馬同。轎三乘，正戶三戶，貼戶五戶。」清流站址在今清流縣城，距玉華站約四十里。

　　石牛站。《站赤》載：「石牛站，馬六匹，正馬三匹，貼馬同。轎三乘，正戶三戶，貼戶二十一戶。」石牛站址在今寧化縣石牛村，距清流站約六十里。《紀要》卷九十八載：「石牛驛，縣南七十里，以傍有石牛而名。宋置，至今因之。《輿程記》，由清流縣九龍驛舟行至驛九十里，又西南六十里而達長汀縣之館前驛，往來必經之道也。」

　　館前站。《站赤》載：「館前站，馬一十匹，正馬五匹，貼馬同。轎三乘，正戶三戶，貼戶二十一戶。」館前站址在今長汀縣館前鎮，距石牛站約四十里。

　　臨汀站。《站赤》載：「臨汀縣站，馬一十匹，正馬五匹，貼馬同。轎五乘，正戶五戶，貼戶二十四戶。」臨汀站址在今長汀縣城，距館前站約七十里。

　　《站赤》所載福建汀州路各站已盡，但有足夠的材料證明，元代確曾存在著汀州至潮州的驛道。《永樂大典》卷七千八百九十《汀州府》載：「本府《臨汀志》，臨汀為郡治長汀，上接劍邵，下抵漳梅潮，旁聯贛。其趨鄰郡皆道路，若水路，則長汀溪達上杭，直潮州，入於海。」又載：「《臨汀志》，置驛傳食，置郵傳命，古也。惟郡境

<hr>

24 《徐霞客遊記・閩遊日記前》卷二（北京市：商務印書館，1986年），頁14。

退左，僅有道得梅者出。」可見，自長汀下汀江，入廣東境為韓江，是汀州至潮州的重要驛道。汀州至潮州的驛站也可考。《汀州府》載，元代長汀縣以南新置驛站有溫泉驛、成功驛、雙溪驛、上洪驛，上杭縣有劉奢驛。溫泉驛在今長汀縣何田市，溫泉驛得名於何田市內有一溫泉，宋代長汀官員已在此建有館舍，供官員沐浴，元建站，距長汀縣約五十里。成功驛：成功驛址設成功墟，「成功墟，在長汀縣西南百二十里」。雙溪驛：雙溪驛址在今上杭縣界，以上杭縣界側雙溪嶺得名，雙溪嶺今名桑溪嶺，距汀州約一百五十里。劉奢驛址與劉奢鋪同，「劉奢鋪在縣城南九十里，舊有驛」。劉奢驛址在今上杭縣峰市。《汀州府》還載：「諸臺郵凡三十五所，而自郡達於縣境則無有，乃自創郵十七所，通為五十二所。」溫泉諸驛就屬自創之列，因此《站赤》不載，而實際上它們都是存在的。

（三）今廣東省段

三河站。《站赤》載：「三河站，船九隻，正戶九戶，貼戶四十五戶。」三河站是兩條驛道的交會點。三河站折西，抵梅州、龍川，下惠州，可達廣州，人稱「上路」。唐代韓愈被貶潮州正是走的這條驛道。「下路」是南宋轉運使林宅所修，自惠州，歷海陸豐，沿海岸線抵潮州。經林宅修建，「上路岡嶺險峻，瘴癘襲人；下路坦夷，煙嵐稀遠，人喜由之」[25]。下路逐漸成為廣州到潮州的主驛道。三河站是由汀江、梅江、小溪三河之匯合點而得名。三河站址在今大埔縣三江壩鎮，距劉奢驛約一百里。

產溪站。《站赤》也沒有產溪站記錄，但產溪站的確存在。《永樂大典》卷五千三百四十三《潮州府》載：「元混一區宇，制度更新，

---

25 《永樂大典》卷一萬一千九百零六，〈廣州府〉，頁8371。

陸置馬站，水置船站。今錄站鋪於左：在城水馬站，馬一十六匹，船五隻；三河站船三隻；產溪站船三隻……」足見元代確曾設有產溪站。產溪站址在今豐順縣隍鎮，距三河站一百里。

潮州路在城站。《站赤》載：「在城站，船一十三隻，正戶一十三戶，貼戶一百一十八戶。馬一十六匹，正馬八匹，貼馬同。轎四乘。」潮州是月的迷失新闢隆興至潮州新驛道的終點站，也是自廣州至福州、浙江的東南沿海最主要官驛大道的交會點。在月的迷失親臨督率下，潮州路在城站建得規模相當宏大。元代潮州路下轄海陽、潮陽、揭陽三縣，故潮州在城站又稱「三陽驛」。據《永樂大典》卷五千三百四十五《潮州府》載：「三陽驛，為堂前後有二，為廡前後有四，柱石堅固，垣牆周密，面陽開戶，氣象軒豁，背山鑿池，景仰幽勝，湯沐飲食之需，供帳服用之具，件件精實。」潮州在城站址在今潮州市，距產溪站約七十里。

二　對元代開闢隆興至潮州驛道的評價

元朝政府為什麼要花大力氣去開闢這一新道？從大的範圍講，元朝以兵立國，也以兵治國，所以特別重視邊陲驛道建設。《元史·兵志·站赤》上說：「元制站赤者，驛傳之驛名也。蓋以通達邊情，布宣號令，古人所謂置郵而傳命，不有重於此者焉。」潮州雖地處粵閩交界東南沿海最偏僻之處，但卻是廣州至福州、泉州間最重要的城鎮。經過唐宋的開發，元代潮州已有「初入五嶺，首稱一潮；土俗熙熙，有廣南閩嶠」之稱。元代潮州也具有重要的戰略地位。元代潮州成為元軍西征交趾安南，東征爪哇、琉球的重要集結地和後勤補給基地。相對而言，潮州的驛道建設卻相當落後，只有東西向從福州至廣州的驛道穿越。隨著潮州作為東南沿海區域中心的逐步形成，開闢一

條新的驛道,穿越五嶺,連結贛、閩、粵省界,深入內陸腹地,就成
為歷史的必然。元朝月的迷失的修驛活動正是適應了這一變化。

　　從元代的實際情況來看,也必須開闢這一驛道。歷史上,唐代嶺
南道和宋代廣南東路治所一直都設在廣州,潮州也一直屬於廣東這一
地域範圍內。唐宋時期,廣州與潮州的聯繫一直保持著繞興梅和走海
岸線上下兩條驛道。但是,元代立省原則有了較大變化:一是區域一
般較大;二是故意打破以往以地形來劃分行政區域的慣例。於是,今
廣東大部分地區,包括潮州,就劃入了江西行省,省治隆興。這樣,
從省治到潮州,就必須從隆興到廣州,再轉潮州,繞了一個大大的
彎,如何管治潮州就成為江西行省的一個大問題。還有更嚴峻的問
題,元初這一驛道中的廣州段是完全不通的。至元二十一年(1284
年),廣州附近爆發了歐南喜、黎德領導的大規模農民起義,起義隊
伍層層包圍了廣州城。為了將糧餉從潮州和廣州運往當時正進行的征
服交趾的戰場,職屬護餉的大將合剌普華親自出城決戰,於東莞與博
羅間的石灣被擒殺,元軍全軍覆沒。起義持續了好幾年,從隆興到潮
州的驛道就只好改道從江西出福建,繞福州、泉州、漳州,抵潮州
了。這是一條比繞道廣州更為遙遠的驛道。月的迷失多次走此道到潮
州,有感於不便,遂於至元二十一年(1284 年)九月上書言:「撫州
至潮州,經由汀梅,徑道一千六百餘里,比之福建近便七百五十餘
里。若於汀梅往道立站,官民利便。」議疏由江西行省核呈,最後
「都省議得,準擬回諮。如委便,當就於附近緩慢站內,量撥驛馬安
置,若有不敷,差撥相應戶計充之」。[26]於是,月的迷失會同江西、福
建各方有關官員開始了修驛工程。

　　新驛道的開闢使東南沿海的驛道佈局更趨合理。唐宋以來,以廣

---

26 《永樂大典》卷一萬九千四百零八,〈站赤三〉,頁7209。

州為終點南北向的驛道共有四條：一是經西江入廣西梧州，溯灕江，過靈渠，進入湘江水系；二是經樂昌、連州進入湖南宜章；三是經南雄梅關出江西贛州、南昌；四是經潮州，沿海岸線出福建漳州、泉州。四條驛道均並存不廢。但是，隨著江南經濟重心地位的確立，南宋遷都臨安，四條驛道中以走贛州、走漳泉最為繁忙，除官員往來外，也是「朝貢貿易」、鹽糧漕運的重要交通線。為了確保兩大官驛系統的暢通，就必須有若干支線相連。同時，自今閩粵交界海邊，直至贛粵交界梅關，漫長的閩粵贛三省交界山區卻沒有任何官修驛道。新驛道恰好從三省交界山區中間穿越，並溝通了兩大官驛系統。新驛道自元代開闢後，明清兩代又不斷加以完善。據《清統志》卷四百三十五《汀州府》載，明代成化六年（1470年），在上杭縣南設平西驛；成化十年（1474年），在上杭與長汀交界處設藍屋驛；弘治年間在長汀縣南設三洲驛；清代在廣東與福建交界處設永定驛；明初又在長汀以西設古城驛通贛州，古城驛距江西瑞金僅四十里。終於，潮州作為區域中心有了溯韓江而上的內陸腹地，而贛閩粵三省交界山區也有最便捷的出海通道。

新驛道開闢後，成為中央政府加強對贛閩粵三省交界山區和閩粵省界沿海地區控制的重要手段。新驛道所經路州縣大多均地處偏僻，統治力量極為薄弱，元代這裏發生過董賢、鍾明亮等多次大規模農民起義。為確保驛道的暢通，元政府曾在驛道沿線屯駐了大量軍隊。據《元史》卷九十九《兵志・鎮戍》載，至元二十四年（1287年），「詔以廣東係邊徼之地，山險人稀，兼江西、福建賊徒聚集，不時越境作亂，發江西行省忽都鐵木兒麾下軍五千人，往鎮之」。除鎮戍軍外，元政府還在驛道沿線大規模軍屯。其中，江西贛州路在信豐、會昌屯田，「為戶三千二百六十五，為田五百二十四頃六十八畝」。另據《元史》卷一百《兵志・屯田》載，福建汀漳屯田，「戶汀州屯一千

五百二十五名，漳州屯一千五百一十三名。為田汀州二百二十五頃，漳州二百五十頃」。元政府在這裏屯田掀起了歷史上贛、閩、粵三省省界的第一次開發高潮。

明朝同樣也非常注重對上述地區的控制。明政府在贛州專門設立了「巡撫南贛汀韶等處地方提督軍務」一職，「轄府九，汀、漳、惠、潮、南、韶、南、贛、吉；州一，郴；縣六十五，即諸郡之邑也；衛七，贛州、潮州、碣石、惠州、汀州、漳州、鎮江；衛所官一百六十四員，軍二萬八千七百餘名，寨隘二百五十六處」。[27]簡稱「虔鎮」。「虔鎮」的專設及贛汀驛道的開闢，反映了明朝統治者對贛閩粵三省交界地區治理的高度重視。

新驛道的開闢也帶來了巨大的經濟效益。潮州與贛閩粵三省交界山區經濟上有強烈的互補性。新驛道開闢後，潮州所產的鹽、魚、糧、瓷、布、酒等源源不斷地溯韓江北上，運抵贛閩粵三省交界山區。僅鹽一項，元代汀州不用福鹽改用潮鹽。「其鹽經由潮州潭口場，納稅過上杭縣，從官檢秤核實，方到本州交卸。每綱一十船，共搬鹽四百籮，每籮二十貫足錢。」[28]另有大量私鹽也順此道北上，甚至轉販贛州。另外，潮州「地居東南而暖，谷嘗再熟。販而之他州曰金城米」[29]。潮州所產穀物也販運至汀贛等地。反之，三省交界山區的茶葉、木材、山貨等物又沿驛道而下，運抵潮州。潮人嗜茶，但元代「潮之為郡，無採茶之戶」[30]。茶葉也是從江西、福建運來。由於新驛道的開闢，潮州貿易區域大大擴充，使元代潮州商稅額大增。元

27 王士性：《廣志繹》卷四，〈江南諸省〉（上海市：上海古籍出版社，1993年），頁343。

28 《永樂大典》卷七千八百九十，〈汀州府〉，頁3623。

29 《永樂大典》卷五千三百四十三，〈潮州府〉，頁2457。

30 《永樂大典》卷五千三百四十三，〈潮州府〉，頁2457。

代潮州商稅額大大高於南雄路、韶州路，僅次於廣州，成為元代廣東境內的第二大貿易中心。

新驛道還與元代海上交通運輸相連結。元代統治極不穩定，內陸農民起義頻仍。尤其是元後期，長江中下游驛道全塞。不少官員到廣東、湖南、江西等地上任就是通過海道抵潮州，通過新驛道到隆興，再轉赴各地。據戴良《九靈山房集》卷十二〈關丁郎中赴京師詩序〉載，至正二十年（1360 年），朝廷任命朵列不花為江西行省平章，是時「武昌、湖南諸處，道里不通，遂遠涉海洋幾萬餘里，而至於潮」，然後到隆興上任的。

新驛道的開闢使沿線一批站址迅速成為重要城鎮。

廣東潮州路屬下三河站的發展最令人矚目。唐宋時期，三河驛站名不見經傳，元代新驛道開闢後，三河站成為廣潮上路和汀潮驛路的交會點，再加上民間商路可通福建漳州，三河站的地位迅速上升。《清統志》卷四百六十六載：「三河鎮，地界閩廣，舟車要津。明洪武九年設巡司及驛丞，十年又置遞運所。嘉靖四十三年築城，周五百丈。今有三河壩，貿易者星布，為縣巨鎮。」據（同治）《大埔縣志》卷十八《藝文志》載，明代饒州兵備道、大埔人饒相在《三河鎮建城記》中說：「三河鎮距郡城北三百餘里，梅溪趨其東，程江繞其西，杭川經其北，三流聚合於此，故稱三河。西通兩粵，北達兩京，蓋嶺東水陸之衝也。嘉靖初年於鎮北三十里建大埔縣治以轄之，四境寧謐，生齒日繁，商舶輻湊，遂稱雄鎮。」令人驚訝的是，一九二七年中國共產黨領導「南昌起義」，起義隊伍退出南昌後，也大致沿元代月的迷失開闢的驛道南下廣東，並在三河壩與國民黨軍隊決戰，是為著名的「三河壩戰役」。足見三河鎮地位的重要。

福建汀州也因驛道開通而獲得迅速發展。在元代驛道開通前，史書這樣記載汀州的偏僻：「汀州於福建為絕區」；「汀為州，南鄰百

粵，深林茅竹之間」；「閩部所隸八州，而汀為絕區」。[31]下引該書同此
版本，不再另注。元代驛道開通後，加上明初汀贛驛道也開闢，汀州
東連漳州，西通贛州，北接邵劍，南下潮州，竟成為交通樞紐，汀州
遂成為贛閩粵三省交界中的重鎮。元末明初，汀州「城外餘二十闉闍
繁阜，不減江浙中州」[32]。連汀州附近的一些驛站也得到了發展。《清
統志》卷四百三十四載，溫泉站址何田市，距「長汀縣南四十五里，
為商旅湊集處」。上杭縣城也是「商賈輻湊」。驛道江西段中的撫州，
「道通閩楚越粵，輪蹄四出」；建昌「杭御七閩，牽制百粵，五嶺咽
喉，三吳襟帶」，都成為「沖」、「繁」之地；瑞金「特為汀潮北指之
衝，且鹿溪羊回，私鹽盛行，贛民汀商勾黨為奸，利法幾毀矣」。[33]驛
道開通後，在贛閩交界的建昌路迅速崛起了石峽鎮和五福鎮兩大名
鎮。《清統志》卷三百二十一載：「五福鎮，地臨東川，上通石峽杉
關，下通撫州許灣，居民稠市，商賈交會，為縣巨鎮」；「石峽鎮，一
名石溪鎮，距飛鳶杉關三十里，江閩通道，初不能通舟，明時邑人張
檟鑿石開河，遂與五福並為巨鎮」。從驛道間南北山海貨物互易的大
增和驛道沿線大大小小工商城鎮崛起的事實，我們就可以清楚地估價
月的迷失開驛的巨大經濟效益了。

古代廣東驛道交通與市鎮商業的發展

　　早在二十世紀三〇年代，日本學者加藤繁就指出，唐、五代以後

---

31 王象之：《輿地紀勝》卷一百三十二，〈汀州〉（北京市：中華書局，1992年），頁
　　3787。
32 《永樂大典》卷七千八百九十五，〈汀州府〉，頁3618。
33 參見趙秉忠《江西輿地圖說》，《叢書集成初編》本（北京市：商務印書館，1937
　　年），頁43頁。

的鎮是一種區域性商業中心。加藤繁認為：「鎮的名稱，從齊、周、
隋、唐，一直繼續存在到五代，它的內容，逐漸發生了變化。在唐、
五代，節度使在他的管轄區域之內，設了很多的鎮，置有鎮使或鎮
將，並且使他們向人民徵收糧餉器甲之費，地方行政的實權，離開了
刺史、縣令，而歸於鎮使、鎮將」；「等到宋太祖、太宗奪去了節度使
的權力，同時罷免了鎮使、鎮將，把他們的職權轉給知縣，所有的鎮
大概廢止，只有在人口眾多、商業繁盛的地方保存下來，設置鎮官，
使掌管煙火盜賊，並商稅権酤的事情。至於駐屯兵馬，也儘量選擇殷
富繁華的地方。所以，從前雖有那樣的傾向，但特別從此以後，鎮完
全是指小商業都市的意思」。[34]加藤繁還認為，宋以後大多數鎮的崛起
與驛道交通有密切關係。加藤繁說：「如果探索他們的起源，從名稱
來看，可以窺知，有的起源於農村，有的起源於館驛，有的起源於以
旅館為中心的小部落，有的起源於橋畔渡頭、人煙會集的地方，而發
展為鎮、發展為市的那種地方，大概必須經過叫做草市，或者應當叫
做草市的階段。」[35]目前，國內史學界對加藤繁的兩個基本觀點的認
識並沒有大的分歧。中國學者也有循此思路對江南市鎮興起進行研
究。[36]但是，對驛道交通怎樣促使鎮產生的論述尚不充分，對廣東歷
史上「路」與「鎮」關係的研究更是空白。

一　宋代廣東驛道交通與鎮的興起

　　宋代廣東與中央及鄰省驛道交通幹線主要有四條。據《永樂大

34　〔日〕加藤繁：《中國經濟史考證》第一卷（北京市：商務印書館，1959年），頁
　　319。下引該書同此版本，不再另注。
35　〔日〕加藤繁：《中國經濟史考證》第一卷，頁320。
36　參見劉石吉《明清時代江南市鎮研究》（北京市：中國社會科學出版社，1987年）。

典》卷一萬一千九百零六〈廣州府〉記載：「自淩江下湞水者，由韶州為北路；自始安下灕水者，由封州為西路；自循陽下龍川，自潮陽曆海豐者，皆由惠州為東路；其自連州下湟水，則為西伯路。舟行陸走，咸至州而輻湊焉。」宋代粵籍名臣余靖還說，北路、西路及西伯路，「雖三道而下，真水者十七八焉」[37]。即南雄經韶關到廣州是最主要的驛道。余靖沒有談及東路，其實，隨著唐宋時期東南沿海地區的不斷開發，東南地區政治、經濟、軍事、文化地位日漸上升。由廣州至潮州，經漳泉，到福州，連接中國東南沿海主驛道的東路已成為僅次於北路的重要驛道幹線。宋代東路分上下兩路。上路走水路，從廣州出發，溯東江至龍川，陸行八十里，下梅江，轉韓江，到潮州；下路以陸行為主，沿海岸線，經惠州、海陸豐、惠來、潮陽，到潮州。北宋時期，東路以上路為主。南宋紹興二十九年（1159年），參知政事林宅主持了對下路的大規模修整，紹熙年間，轉運使黃榆又興建了多座庵驛，「自是潮惠之間，庵驛相望」[38]。下路便取代上路地位成為東路主驛道。

宋代廣東具有區域商業活動中心性質的鎮已有相當數量。據王存《元豐九域志》記載，北宋廣東有鎮共三十八個。它們分別是：廣州有南海大通鎮，番禺瑞石鎮、平石鎮、獵德鎮、大水鎮、石門鎮、白田鎮、扶胥鎮，增城尼子鎮；韶州有曲江濛浬鎮，翁源玉壺鎮；循州有龍川驛步鎮；潮州有海陽劦州鎮、黃岡鎮、圓灣鎮、裏灣鎮、淨口鎮，潮陽海口鎮、黃岡鎮；連山有陽山桐臺鎮、清瀧鎮；端州有高要三水鎮，四會胥口鎮；康州有端溪悅城鎮、都城鎮，瀧水瀧水鎮；梅州有程鄉李坑鎮、梅口鎮、雙派鎮、樂口鎮、松源鎮；南雄有保昌大

---

37 《永樂大典》卷一萬一千九百零六〈廣州府〉，頁8371。

38 《永樂大典》卷五千三百四十五〈潮州府〉，頁2461。

寧鎮；英州有真陽清溪鎮、光口鎮、回口鎮、板步鎮，洽光洽光鎮；
化州有吳川零綠鎮。[39]

　　宋代廣東的鎮大多數分佈在各主要驛道沿線。北路，自廣州出發
有白田鎮、大通鎮、石門鎮、三水鎮、胥口鎮、回口鎮、清溪鎮、光
口鎮、濛浬鎮、大寧鎮；西路，自廣州出發，至三水鎮與北路同，以
下有悅城鎮、都城鎮、瀧水鎮；東路，自廣州出發有大水鎮、獵德
鎮、瑞石鎮、扶胥鎮、尼子鎮，轉入上路有驛步鎮、李坑鎮、梅口
鎮、樂口鎮、雙派鎮、松源鎮、舠州鎮、圍灣鎮、裏灣鎮，下路有海
口鎮、黃岡鎮，上下兩路匯合於潮州，東出福建，仍有淨口鎮、黃岡
鎮；西伯路，自廣州至光口鎮，與北路同，以下有洽光鎮、桐臺鎮、
清瀧鎮。

　　宋代廣東沿四大驛道線上分佈的鎮共三十四個，占宋代廣東三十
八鎮總數的百分之八十以上。可見，宋代廣東鎮的崛起與驛道交通有
著密切的關係。相反，驛道不經的地區，如高州、雷州、新州、南恩
州等就不見有鎮存在的記錄。北宋時期，東路以上路為主，所以下路
所經的惠州、海陸豐數百里也沒有鎮的出現。宋代廣東的鎮集中分佈
在廣州、潮州、梅州、英州，這反映了上述地區是驛道交通繁忙的地
區，也是宋代廣東商業經濟較為活躍的地區。

二　明清時期廣東的驛道與鎮的分佈

　　廣東明清時期的驛道交通與宋代的驛道交通有了較大的變化。第
一，有些驛道的地位發生了變化。西伯路，秦漢至唐代，一直是廣東
通中原的重要驛道，也是廣州至長安、洛陽的捷徑。唐代韓愈〈燕喜

39　《元豐九域志》鎮名，是據商務印書館1937年版照錄，筆者並未作改動。

亭記〉曾有扼要記述：「弘中自吏部郎貶秩而來，次其道途所經，自藍田入商洛，涉淅湍，臨漢水，升峴首以望方城；出荊門，下岷江，過洞庭，上湘水，行衡山之下，由郴踰嶺。」[40]越五嶺後，或下連州，或下樂昌。唐代張九齡鑿大庾嶺道後，廣州至長安、洛陽，幾乎全程均可利用水路，雖則時間稍長，但安全、舒適、運輸量大等優點，使北路成為主驛道，西伯路地位迅速下降，明清時期，西伯路已不再是驛道了。第二，元明時期，廣東新闢了三條重要的驛道幹線：第一條，是元初塔剌海哈開闢廣州至高、雷、瓊、廉的新西驛道；第二條，是元初月的迷失開闢潮州，經福建汀州、邵武，江西建昌，抵江西行省省會隆興（今南昌）；第三條，是明朝萬曆初年明政府在平定了粵西地區的動亂之後，沿兩廣交界山區廣東一側，開闢了自南江口至高州的新驛道。[41]至此，明清廣東驛道已基本定型。它包括：自廣州至韶州、轉南雄大庾嶺，抵北京的京廣官馬大路；自廣州分水陸兩路抵惠州，水路經龍川、梅州，抵潮州，陸路經海陸豐、潮陽，在潮州與水路合，然後東出漳泉，至福州接京閩官馬大路，另自三河驛北上汀州、邵武，入江西南昌，又接京廣官馬大路；自廣州溯西江，經端州，入廣西梧州，接京桂官馬大路；另自端州折南，沿恩平、陽江，抵高州，直至雷州、瓊州及廉州、越南。

　　明清時期，隨著商品經濟的進一步發展，廣東鎮的數量又有了較大的增加。關於該時期鎮的統計，雖則幾個版本的《廣東通志》均有記錄，但筆者認為，取顧祖禹《讀史方輿紀要》和清朝《嘉慶一統志》為底本，則更具全國性的衡量標準和意義。

---

40 韓愈：《韓昌黎集》卷十三〈燕喜亭記〉，收錄於《全唐文》（上海市：上海古籍出版社，1990年），頁2495。

41 參見拙文〈明朝兩廣總督府的設立及對粵西的經略〉，載於《學術研究》1997年第4期。

　　顧祖禹《讀史方輿紀要》所載廣東的鎮共五十四個。它們分別是：廣州府東莞福永鎮、新安官富鎮與缺口鎮、三水三水鎮、增城烏石鎮、龍門上龍門鎮、香山香山鎮、新會沙村鎮、從化流溪鎮；連州陽山星子鎮；肇慶府高要祿步鎮、高明太平鎮、四會南津鎮、廣寧扶溪鎮、新興立將鎮、陽春古良鎮、陽江海陵鎮、恩平恩平鎮；德慶州悅城鎮、封川文德鎮、開建古令鎮；羅定州晉康鎮、東安建水鎮；韶州府曲江平圃鎮、仁化扶溪鎮、乳源武陽鎮、翁源桂了山鎮；南雄府保昌平田鎮、始興黃塘鎮；惠州府歸善馴雉鎮、博羅石灣鎮、永安寬仁鎮、龍川通衢鎮、長樂清溪鎮、興寧水口鎮、河源藍口鎮；潮州府海陽北關鎮、潮陽吉安鎮、興安鎮、揭陽北砦鎮、程鄉梅口鎮、饒平黃岡鎮、惠來神泉鎮、大埔三河鎮、澄海關望鎮、鎮平藍坊鎮；高州茂名平山鎮、信宜中道鎮、化州梁家沙鎮、吳川寧村鎮、石城零綠鎮；雷州府海康清道鎮、遂溪椹川鎮、徐聞東場鎮。[42]

　　清朝官修的《嘉慶一統志》所載清代廣東的鎮共三十九個，比《讀史方輿紀要》所計少了十五個。但是，清朝政府對修一統志極為重視，要求品質很高。所以，《嘉慶一統志》所載的廣東各鎮應該是符合全國統一標準的。為免過於瑣碎，轉摘《嘉慶一統志》所載各鎮，均省去縣名。它們分別是：廣州府佛山鎮、扶胥鎮、上龍門鎮、香山鎮、西南鎮、良岡鎮；韶州府三華鎮、清溪鎮；惠州府汕尾鎮、回龍鎮、利頭鎮、安民鎮、平地鎮；潮州府南澳鎮、黃岡鎮、三河鎮、北關鎮、千秋鎮、豐順鎮；肇慶府青岐鎮、高明鎮；高州府硇洲鎮、淩綠鎮、中道鎮、安村鎮；雷州府清道鎮；南雄府通濟鎮、漿田鎮、圃田鎮、上朔鎮、沙水鎮、黃塘鎮、墨江鎮；連州青龍鎮、桐臺

42 顧祖禹《讀史方輿紀要》所載廣東各鎮，依清朝光緒二十五年（1899年）慎記書莊石印本統計。

鎮；嘉應州梅口鎮、清溪鎮；羅定州羅苟鎮、都城鎮。[43]

綜合二書所記，去除三水等九個重疊的鎮，明清時期，廣東境內實足有九十三個鎮。

我們比較北宋《元豐九域志》所載的鎮和《讀史方輿紀要》、《嘉慶一統志》所載的鎮，不難看出有如下一些變化：第一，廣東明清時期的鎮比宋代的鎮有了較大數額增長。北宋是三十八個，明清是九十三個，增長接近一倍半。第二，鎮的分佈也比較均衡。宋代，高州、雷州粵西南路諸州只有化州零綠一鎮，經過宋元時期的開發和元朝塔剌海哈自廣州至高雷新驛道的開闢，明清時期高雷地區鎮的數目達到十個。同樣，惠州以東至潮州約四百里的路程，宋代也沒有鎮，但隨著南宋東路下路取代上路的地位，上路的鎮減少了，但下路崛起了汕尾、回龍、利頭、石灣等一批新興的鎮。第三，明清時期的鎮大多數仍集中地分佈在驛道沿線，或直接從驛站逐漸發展成為鎮。當然，明清時期廣東的鎮也有些不在驛道交通線上，如海陵鎮、硇洲鎮、椹川鎮、東場鎮等。不過，我們這裏暫不展開對它們形成條件的討論，而集中研究為什麼大多數的鎮在驛道驛站上形成。

三　古代廣東驛道交通與鎮的關係

驛道的開闢和驛站的設置形成了一定的消費規模，就需要有與之相配套的一系列商業活動，這是商業性市鎮興起的主要原因。廣東的情況也概莫能外。

早在宋代，廣東一些重要的驛站就修建得相當宏偉，甚至可以說是富麗堂皇。一般來說，驛站都叫驛，「而高大加飾焉，則易驛之名

43　《嘉慶一統志》採用中華書局1986年版。

曰衙」。宋代潮州鳳水驛就是其中之一。「潮居廣府之極東，與閩嶺比
壤，凡游官於廣者，閩士居十八九，自閩之廣，必達於潮，故潮雖為
嶺海小郡，而假道者無虛日。」鳳水驛內，「為榻著六案，與竹木匡
床十有八席，以為薦藉各三十，器皿鑊鼎悉備，使閽一人掌與窗與物
之藉，而加鑰焉。過客之車馬及郡境，請預以告，授館之禮當敬，從
事無怠，雖然古君子所居一日，必葺其牆宇，去之日如始至」。元朝
鳳水驛改稱三陽驛，規模更勝一籌。三陽驛內，「為堂前後有二，為
廊前後有四，柱石堅固，垣牆周密，面陽闢戶，氣象軒豁，背山鑿
池，景仰幽勝，風月有時而自至，冬夏無適而不宜，湯沐飲食之需，
供帳服用之具，件件精實」。[44]廣東另一條重要驛道上，南雄的驛站規
模也很大。宋代南雄城內的驛館竟有好幾處，「州城內有八使行衙、寄
梅驛，市南有淩江館、近水樓，距城之東有沙水、懷德二驛」。其中，
八使行衙「距郡治百餘步，規模壯偉，屋宇高敞，他州莫及」[45]。像
這些規模龐大的驛站，從建造到維修，長年都配備了數量眾多的工
匠、花匠和服務人員，這就需要有與之相適應的商業活動。

　　驛站的經常性開支也相當驚人。北宋初年，驛站的開支主要靠差
役，當差及開支分攤在驛道沿線民戶身上。過往官員一到，「則扶老
攜幼，具薦席，給薪水，朝夕執役，如公家之吏，不敢須臾離焉，俟
其行乃去」。這種差役就成為他們的沉重負擔。更嚴重的是，大官未
到，「尉之弓手，巡檢之士兵，預以符來，需求百出，客或忤之，則
計薪，盡錙銖，取資直而去，民以為苦」。驛道沿線，「編氓遠徙，不
敢作捨道傍」[46]。從南宋開始，廣東驛道的開支轉由財政支出。如南
宋潮州知府陳圭就決定，濟川、黃岡、桃山三驛站是重要驛站，歲費

---

44 《永樂大典》卷五千三百四十五〈潮州府〉，頁2483-2486。
45 《永樂大典》卷六百六十五〈南雄府〉，頁8536。
46 《永樂大典》卷五千三百四十五〈潮州府〉，頁2483。

金錢一千四百餘緡,「郡家獨力為之」[47]。又如南宋慶元間漕運使皇甫煥利用道觀在南雄始興設暖水道庵作驛站,「命道人一名在內掌守,每月支漕司錢米供瞻,專備湯飲,供往來行人」[48]。南宋時期,廣東驛站的開支由臨時徵調過渡到有固定的財政支出,驛站人員由差役過渡到有固定的站戶。

明清時期,廣東所有的驛站都有龐大的財政撥款。如明朝廣州府共有驛站十九處,遞運所兩所,「每年通計派用銀一萬七千三百四十四兩,派寬裕銀九百兩,二項共銀一萬八千二百四十四兩」。另徵糧食「米二十二萬四千四百六十石七斗四升」。嘉靖年間,廣東驛站已不再徵收實物,代之以當地米價折銀徵收,廣州「一石該編派銀八分一釐二毫八絲」,以八分計算,二十二萬餘石米,折一萬六千餘兩白銀。徵銀和以銀代糧二項合計,廣州府驛站年支出三萬四千兩白銀,平均每處驛站年財政撥款約一千七百兩白銀。廣州的米價不算太貴,韶州府每石約折銀一錢二分,惠州府每石約折銀更達一錢五分多。[49]徵收的數量也就更大。僅就正常的財政撥款來說,每個驛站都是一個巨大的消費源,這就刺激了圍繞著驛站形成一個個大小不等的商業活動市場。有些重要驛站,財政撥款則大大超過平均數。如「五羊、廣州遞運所各用銀二千六百兩,崧臺用銀二千兩,淩江並車夫共用銀二千四百兩,芙蓉用銀一千五百兩」[50]。這些耗資巨大的驛站更有利於市鎮的率先形成。

清朝廣東驛站的財政撥款也不少。按阮元《廣東通志》載,清代

---

47 同上書,頁2454。

48 《永樂大典》卷六百六十五〈南雄府〉,第8536頁。

49 戴璟等:《廣東通志初稿》卷二十八〈驛傳〉,書目文獻出版社影印本。下引該書同此版本,不再另注。

50 同上。

廣東全省共設驛站三十三處,「廣東原額驛站銀三萬四千五百五十三兩一錢二分,零存銀二萬零七百三十一兩八錢七分,閏月加銀一百五十六兩有奇」[51]。清代廣東驛站平均年財政撥款,與明代大致持平。

除財政撥款開支構成巨額消費外,過往官員及公差人員本身也具有很強的消費能力。按規定,驛站必須向過往官員提供一定規格的招待。如明朝,「上司及府州縣正官該銀一錢二分,指揮州同縣丞及首領官以下並書吏令史人等該銀一錢」[52]。但事實上,有權勢的官員往往超出規定。「用銀至四五錢有之,無關文而饋送下程用銀至七八錢有之。」同上。更有甚者,竟還索要戲班、妓女等。我們不用深究這些開支是由過往官員還是由地方官員來支付,但有一點是可以肯定的,即凡有大官要員經過,驛站就得張羅開來,就會形成一個大額的消費開支。像在廣州至南雄、廣州至潮州、廣州至梧州這些連接全國骨幹的驛道上,官員的往來絡繹不絕,勢必大大刺激了重要驛站成長為市鎮。下面就試舉數則由驛站發展為鎮的例子加以證明。

饒平黃岡驛。「黃岡為閩廣之交,山海之會」,是潮州通往福州驛道上的重要驛站。據〔光緒〕《饒平縣志》卷五〈兵防〉載,黃岡設驛可追溯到北宋,《元豐九域志》就有記載,宋代開始形成鎮,鎮內「魚鹽之利,旁及郡邑,通貨貿財,最為輻湊」,成為粵東巨鎮。

大埔三河驛。唐宋以來,三河驛就是廣州至潮州上路中的一個驛站。元朝廣東道宣慰使月的迷失開闢潮州至江西隆興新驛道,三河驛頓時成為兩大驛道的交會點,地位十分重要。據〔同治〕《大埔縣志》卷十八《藝文志》載,「三河,西通兩粵,北達兩京,蓋嶺東水陸之衝也。嘉靖初年,於鎮北三十里建大埔縣治以轄之,四境寧謐,生齒日繁,商舶輻湊,遂稱雄鎮」,與饒平黃岡齊名。

---

51 阮元:《廣東通志》卷一百七十八《經政略‧郵政》,頁3266。
52 戴璟等:《廣東通志初稿》卷二十八〈驛傳〉。

　　三水西南驛。西南驛地處廣州至梧州、廣州至韶州兩大驛道的交會處，唐宋時期已是重要驛站。元代，《嘉慶一統志》卷四百四十二〈廣州府〉載，西南並設水站、館驛。宋代已成長為三水鎮。明朝嘉靖五年（1526 年）立三水縣，西南驛遷三水縣城南門外西偏，圍繞著西南驛又形成了西南鎮。三水縣城是政治中心，西南鎮是經濟商業中心，這一格局保持到近現代。西南鎮，「南瀕大江，商賈湊集」，成為粵中重鎮。據〔嘉慶〕《三水縣志》卷一〈輿地〉載，西南鎮「米食多倚於西省」，「向有東順商人射利，私設油榨」，商業影響範圍涉及東莞、順德，乃至廣西。

　　有些鎮雖不是直接從驛站發展而來，但卻與驛道交通有密切關係。談到明清時期廣東的鎮就勢必要提及佛山。清前期，佛山鎮成為聞名中外的工商業巨鎮，人們把它與朱仙、漢口、景德並稱天下四大鎮，又把它與北京、漢口、蘇州並稱為天下四大聚。然佛山鎮的興起正是驛道交通線路改變的直接產物。直至明朝以前，中原經北江到廣州的主驛道均不經佛山，北江順流到清遠後，先是從石角入白泥水，經石門抵廣州（故今廣州市北郊石門在宋代便是名鎮），後是經蘆苞湧，入官窯，抵廣州，到明代才開始經佛山湧入廣州。明朝天啟年間徽商程春宇《士商類要》卷一對驛程的改變有準確記載：「清遠縣，安遠驛，共九十里至回岐驛，共六十里胥江驛，此處有河二道。水大，由蘆巴水口至官窯驛止七十里；水小，一站至西南驛。」清代京廣主驛便大多經由佛山了。〔康熙〕《南海縣志》卷一《輿地志》載：「考北江抵省故道，初由胥江、蘆苞，趨石門，尚未與鬱水合。迨蘆苞淤塞，下由西南潭趨石門，始與郁水合流；後西南潭口再於淤，今由小塘、紫洞入王借風、沙口，趨佛山、神安，南往三山入海。」驛道交通的演變，使石門鎮衰落，同時也造就了中國古代四大名鎮之一的佛山的興起。清朝《嘉慶一統志》卷四百四十二《廣州府》首列佛

山鎮：「佛山鎮，在南海西南四十里，當入府孔道，為縣大鎮。」筆者還注意到，成書於康熙年間的《讀史方輿紀要》並沒有列出佛山鎮，這不是因為顧祖禹疏忽，而是因為佛山尚未發展到鎮的規模。佛山鎮的鼎盛時期應在清朝康熙以後。

據《嘉慶一統志》卷四百四十二〈廣州府〉載，與佛山鎮地理位置相類似的還有扶胥鎮，因處於廣州至潮州、福州東驛道上，也是廣州海外貿易海上絲路的始發點，是西江、東江、北江三江之水匯合點，故扶胥鎮又名「三江口」。扶胥鎮的商業活動一直非常繁盛，歷代過往官員更留下無數墨蹟，成為廣州近郊的名鎮。

由於驛道驛站是國家主要物資運輸、官員往來、信息傳遞的重要命脈，歷代統治者均大力加強對驛道沿線的治安建設，以確保驛道交通的暢通，這也對驛道驛站發展為鎮起到了促進作用。據《萬曆會典》卷一百三十九《關津二》載，明朝政府規定：「凡天下要衝去處，設立巡檢司，專一盤詰往來奸細及販賣私鹽犯人，逃軍、逃囚。」驛站往往就是「天下要衝去處」，明代黃岡、三河、西南、祿步、悅城、清溪等巡司便都設有弓兵各五十人。為保治安，明代廣東各鎮還紛紛築修起城牆。據〔光緒〕《饒平縣志》卷二〈城池〉載，如明嘉靖年間修黃岡鎮城牆「內外皆甃以石，周圍一千二百餘丈」。商業活動可以在鎮內正常進行。

鎮的產生與商人利用驛道系統也有關係。古代中國驛道驛站設置的首要目的是確保信息傳遞及過往官員公差的安全，但也常被商業所利用。開始應該是官商利用，如宋初趙匡胤為從廣東運輸香料，下令規劃重修大庾嶺驛道。據《續資治通鑒長編》卷五十二記載，最盛時，「嶺南輸香藥以郵，置卒萬人，分鋪二百，負擔抵京師」。真宗咸平五年（1002 年），改以水運為主，「止役卒八百，大省轉運之費」。可見，驛道的官商運輸功能是十分明顯的。明代以後，民商利用官驛

系統更是普遍的事情。明萬曆年間，徽商黃汴修的《一統路程圖記》詳記明朝疆域內各驛道驛站，所記廣東各驛站里程大致正確。關於編書目的，黃汴於該書〈自序〉中說：「宦輴之所巡，商泊之所趨，訪展之所涉，庶此編為旌導也。」明萬曆年間，兩廣總督凌雲翼新闢自西江南江口，經羅定，到高雷地區驛道，他在上朝廷的奏章中也強調，修驛有利於把高雷地區過剩的糧食運回廣州和梧州。據劉堯誨《蒼梧總督軍門志》卷二十六〈奏議四〉載，凌雲翼說：「以南北孔路直貫瀧水之中，不惟血脈弗滯，而貨財往來元氣更易充實。」其商業目的是非常明顯的。民間商人及旅客普遍利用官驛系統，更大大促進了驛道上的商業活動及鎮的最終形成。

明清時期，廣東對鎮的性質是有明確界定的。據〔乾隆〕《澄海縣志》卷二《埠市》載：「民人屯聚之所為村；商賈貿易之所為市；遠商興販之所為集；車輿輻輳為水陸要衝，而或設官將以禁防焉，或設關口以徵稅焉，為鎮；次於鎮而無官司者為埠。」而古代廣東大多數主要的鎮正是沿著這樣一條軌跡發展：先是開闢了驛道和設置了驛站，然後是圍繞著驛道系統開始了一系列的商業活動，商業活動達到一定規模的就有了稅收的必要和管理衙門，派駐了軍隊，甚至築起了城牆，於是鎮也就產生了。有些鎮甚至還逐漸由商業活動中心向政治、經濟、文化、軍事中心發展，成為新生縣一級政權的所在地，由此帶動起驛道沿線社會經濟的發展。這恐怕就是古代廣東「路通財通」的辯證關係吧！

明朝戴璟在廣東進行的驛遞制度改革

戴璟，《明史》中無傳。《明史・藝文志》記載，戴璟曾著《漢唐通鑒口藻》、《廣東通志》、《博物策會》等書，看來，戴璟也算是個學

者型官員了。阮元《廣東通志》也沒有為戴璟立傳，只是在《職官表・巡按御史》欄中記：「戴璟，浙江奉化人，丙戌進士。」明代專記御史事蹟的《蘭臺法鑒錄》卷十五有戴璟小傳，也甚略，只說他嘉靖十四年（1535 年）任廣東巡按御史，後遷陝西巡按，以南京通政司參議致仕。

其實，戴璟是有功於粵人的官員。戴璟在廣東所做的事情中，有兩件是值得重視的。一是主持撰修了《廣東通志》，這是我們今天所能見到的最早的《廣東通志》，習稱「嘉靖志」或「戴志」。戴璟謙虛，沒有直稱《廣東通志》，而是稱做《廣東通志初稿》。的確，「戴志」的行文體例均有些亂，但能大量地直接引用原文，且修志時間最早，這就為我們研究明代及明以前廣東史保存了大量可貴的史料。二是任內對驛遞制度進行了改革。戴璟驛遞改革的思路及措施均詳盡地收入「戴志」第二十八卷《驛傳》中，本節所引戴璟原文及措施均取自於此。所以，在此所引均不再作詳注，讀者可徑閱「戴志」。「戴志」修成，當時吾粵名人內閣大學士、吏部尚書方獻夫、御史倫以諒均作序稱讚。其中，方獻夫序中說：「戴君雄才博學，按茲一方，大有風裁吏弊民隱，抉剔靡遺」，修志「雖草創於提舉張岳、教授何元述、教諭王時中」，而「終之皆出戴君手自裁定」，「卓然成一家言，以垂百世」，給予了極高的評價。

一　戴璟對驛遞制度改革重要性的認識

戴璟先從全國範圍的角度來考察驛道制度。指出：「驛傳何志也？程緩急，稽遠近，車行曰傳，馬行曰遞，所以達上政，宣下情，通兵機，將賓敬，恒於茲有賴也。」即把驛遞是否暢通看做是國家政權能否正常運作的一個重要組成部分。

戴璟又認為，驛遞工作的好壞對地方政權安危至關重要。他說：「廣東邊邇夷寇，故蕃舶、生黎、海寇、瑤僮皆詳書之。民生最患者曰驛傳、曰差役、曰田賦之類，每事必分綱別目。而凡璟禁約，雖鄙俚區劃，雖瑣屑亦載於下，以備藥籠。」戴璟在修《廣東通志》時，便把驛傳工作列為事關「民生最患者」之首，予以詳盡敘論。足見戴璟是高度重視驛遞制度改革的。

二　戴璟驛遞制度改革的措施

從戴璟《廣東通志初稿》來看，戴璟的改革措施共有十五款，而按內容劃分，主要有四個部分：對驛道驛站進行分類並重新配置；推行一條鞭法，改差役為雇役；整頓驛務；打擊「驛霸」。

1.確認驛道驛站的類別，重新進行配置，是改革成功的先決條件。驛道驛站的配置是在漫長的歷史發展過程中逐漸形成的，隨著社會經濟的發展、交通條件的改善、政治中心的遷移等因素的變化，驛道驛站就有適當調整的必要。於是，戴璟全面確認了全省各道站的等級類別。

戴璟確認的重要交通幹線有以下幾條：

（1）官窰、西南、胥江、回岐、安遠、橫石、湞陽、清溪、濛涅、芙蓉、平圃、黃塘、淩江一帶，通接江浙，南北直隸，最為衝要。

（2）崧臺、新村、壽康、麟山一帶，通接廣西，也同屬最為衝要。

（3）自東洲、黃家山、鐵岡、蘇州、欣樂，由水路從水東、莫村、苦竹派一帶，又由陸路從平山、平政、平安一帶，各至鳳城，皆通福建，頗為衝要。

（4）五羊驛、廣州府遞運所，附在省城衙門，總會之地，使
　　客經過頻繁，比與各驛遞不同，當然，廣州的驛站就是
　　「繁」、「沖」。

戴璟確認的不太重要的驛道有以下幾條：

（1）自新會東亭、蜆岡、恩平、蓮塘，而至高、雷、廉、
　　瓊，及崧臺由腰古、新昌、獨鶴，而至恩平。止是上司
　　往來巡歷住劄，其公差使客人員稀少，俱為稀偏。
（2）自五羊，由陸路從㳄湖，而至橫石磯，止是差京走馬人
　　員往來，及東莞城西驛，惟上司巡歷，公差罕到，又為
　　偏僻。

戴璟確認的最重要的驛站有八個，它們是：廣州五羊驛、曲江芙
蓉驛、南雄淩江驛、封川麟山驛、肇慶崧臺驛、歸善欣樂驛、龍川雷
鄉驛、新會蜆岡驛。

為什麼這八大驛地位最重要呢？戴璟說：「船隻乘坐，亦不過取
諸首驛。如使客由江浙一帶而來，則取淩江船隻，坐至芙蓉，或至省
城五羊，而後倒換。如由省城往江浙，則於五羊取船，坐至芙蓉水
淺，換船坐至淩江。廣西而來，則於梧州府門驛，或麟山取船，坐至
崧臺，或徑至省城，或溯江而至芙蓉換船至淩江。如省城往惠潮，則
五羊取船，至欣樂換船，至雷鄉驛上馬，至興寧取船，而至鳳城。如
福建而來，若由水路亦如前取換船隻。如高州一帶而來，或由蜆岡，
或由崧臺取船，而至五羊倒換。其餘腰驛，止是經過取夫，未有逐站
倒換也。」這八個站，均是中轉站，故地位較一般站重要。戴璟確認
了各驛道、各驛站等級，就為日後開展驛遞制度整頓奠定了基礎。

2.推行一條鞭法，以雇役代替差役，是戴璟驛遞制度改革的核心。戴璟深切體會到過去推行的差役法是驛遞制度腐敗的根源。戴璟到任後，發現苦竹派驛與惠州距離太近，下令裁撤，但地方官就是拒絕執行。戴璟又發現，已經裁撤的三河驛遞運所竟又「迴圈置四簿」，仍舊向當地攤派、征夫。戴璟一針見血地指出：「大率，驛遞官利於關票之繁，繁則機心可逞；府縣吏甘於編派之侈，侈則神錢與親。」具體體現為：「船隻既云朽爛，而卻派看守之夫，有事則申囚徒以塞己罪；馬匹或繫見存，而復開雇稅之價，每月且並草料以支官錢；舍人例該貼銀，乃私付夫船，而敢於倍正額，故官近行禁約，復捏開丁口，而誣曰照來文；未曾赴院掛號關牌，輒與夫馬若干，而恣情作耗；本是沿途一體驛站，不思前後可證而信手多開，且每年夫役止十名，乃就文書逐角算夫而肥己；有一月使客惟數起，故將人夫逐名派事以欺人；名為修造紅船，實虛張而惟塗油粉；陽為買辦鋪蓋，實侵匿而取辦。」凡此種種，都與推行差役法有關，驛遞官員就可以藉口驛遞所需，大肆興辦，並從中剋扣自肥腰包，中飽私囊。

於是，戴璟下決心革除差役法，推行雇役法。戴璟頒佈了一系列革除差役法的規定。「革徭編貼驛，驛使鋪兵」規定公文遞送只許用鋪兵，不准徵用民夫，鋪兵不敷，也只能由官府出面雇夫；「革僉編庫子夫役」是不准僉編馬夫船夫運送物資；「革徭編防夫」是革除徵發民夫幫助押送囚徒；「革重應故官夫子」是革除徵調民夫護送亡故官員親屬回鄉；「查革徭編館夫，更定該用名數」是禁止徵調廚子等民夫。將這些雜役編派統統革除後，接待上級官員，運送過往物資，傳遞各類公文，或由驛遞官兵承擔，或由官府出資雇夫役完成。

取消差役法，把差役改為雇役，並由驛站全盤負責，不再擾民，這當然是一種很好的設想，但實行起來則需有充裕的經費保障。為此，戴璟又制定了驛遞費用的徵調方案。

　　戴璟制定了徵調的總原則。戴璟認為,「各府所屬州縣田糧有多寡,驛遞用銀亦有繁簡不同,難以通省概論。今定以一府錢糧,應當一府驛遞之用,以為一府百姓差役均平各府」。

　　戴璟又規定了具體的徵調辦法。「各府掌印官,每年俱要嚴督,州縣各掌印官,俱於十月秋成之際,照依本府委官編定驛傳花戶各實在糧米數目,責令各圖裏排,各將本戶並本管甲首各銀兩隨糧照數帶徵,送縣秤納,解府貯庫,各驛遞官吏按季具領。」戴璟還規定,各級地方官均由「掌印官」親自過問此事,若不能依時徵足,州縣的掌印官要受到「截俸」處分。承辦的胥吏將以「坐贓革役」論處。戴璟還嚴令,驛遞錢銀要專款專用。「各驛遞所派銀兩,年終用剩,照數貯庫,以俟下年通融支用,一毫不許別項支銷。」

　　經戴璟核准後,廣東各府每年應徵驛銀數目如下:廣州府,銀一萬八千二百四十四兩,米二十二萬四千四百六十石;南雄府,銀四千兩,米一萬八千五百八十四石;韶州府,銀六千零四十兩,米四萬六千九百一十八石;惠州府,銀七千八百兩,米五萬一千三百八十一石;潮州府,銀四千二百六十兩,米九萬六千五百二十六石;肇慶府,銀八千八百八十兩,米十一萬零九百八十八石;高州府,銀二千四百九十兩,米三萬五千二百零一石;雷州府,銀一千七百兩,米三萬零五百零七石。事實上,各府均沒有徵收實物,而是依據當地的米價折成銀兩徵收。如廣州府是按「一石該編派銀八分一釐二毫八絲」計算;南雄府是按「一石該編派銀二錢一分五釐二毫三絲」計算;韶州府是按「一石該編派銀一錢二分八釐七毫三絲五忽」計算;惠州府是按「一石該編派銀一錢五分一釐八毫八忽」計算;潮州府是按「一石該編派銀四分四釐一毫二絲三忽三微」計算;肇慶府是按「一石該編派銀五分五釐」計算;高州府是按「一石該編派銀七分零七釐三絲八忽二微」計算;雷州府是按「一石該編派銀五分五釐七毫二絲四忽

三微」計算。由此可見明代嘉靖年間廣東各地的米價。總體來說，肇慶、廣州、潮州以南的米價較低，而粵北諸山區米價則較貴。

有些府縣雖然沒有驛道經過，但也必須負擔部分費用。如和平縣支銀五十兩，連山縣支銀二十兩，順德縣支銀二十兩，等等。應該說，這個負擔是很輕的，也是很合理的。

徵收到的驛銀也不是平均調撥，而是根據驛道驛站的類別等級、繁忙程度分發。如前提及的八大驛站就撥給巨額款項。其中，五羊驛站二千六百兩，淩江二千四百兩，崧臺二千兩，芙蓉一千五百兩，麟山、欣樂各一千兩，雷鄉六百兩，蜆岡三百八十兩。而較僻冷的驛站撥款就較少。一百兩以下的有增江、多陳、長岐、陵水、烏石，最少的是增城烏石，因距廣州、增城驛站都不遠，過客甚少在此憩息，故僅撥款五十四兩。戴璟的撥款確保了重點站線所需，充分發揮了撥款的效益。事實上，戴璟定為冷僻的驛站大多都在萬曆初年調整驛站的過程中被裁併了。

在實行以錢代役後，為避免官吏在徵收過程中繼續從中敲榨，戴璟又規定必須財務公開，每縣衙前均需立一木牌，「開諭納銀人戶」，讓百姓都知道自己該交役銀錢的數額。戴璟說：「驛傳合用銀兩，本院將各府開報實在糧米派定銀數每米一石，比往年追繳之數減去三分之二，甚為輕省。但恐經收官吏裏排仍舊多收，以圖侵欺，小民被其蒙蔽，不沾實惠。各府州縣官將此條備，開後項派定，本府州縣實徵米石銀數，大書告示，黏貼木牌，樹立門首曉諭，小民知悉，照數依期秤納。官吏裏排人等，敢有多收加索等弊，許指實陳告拿問；其有奸頑恃頑不納，貽累官吏者，亦準枷號。」

3.整頓驛務。除利用差役盤剝百姓外，負責驛遞工作的官吏們仍有以各種手段侵吞國家財產者，戴璟也一一給予整頓。最常見的是濫給用驛，隨意提高接待標準。在廣東，按原接待標準規定：「上司及

府州縣正官該銀一錢二分，指揮、州同、縣丞及首領官以下並書吏、令史人等該銀一錢，經過者各減二分。口糧一副定銀五分、飯食折銀三分。一應有關文站船，除欽差、部院及都布按三司，並府官與州縣正官，應付夫船，上水人夫十名，下水六名外，其餘使客不分是何衙門差委，俱貼折幹銀兩。站船一隻，上水貼銀三錢，下水二錢；快船一隻，上水二錢，下水一錢；水船一隻，上水一錢二分，下水七分。馬一匹，止許貼馬夫一名。」但是，各地官吏都擅自提高接待標準，有些甚至是超標十倍八倍。「如淩江驛，開報廩給一副，雞鵝等物，用銀至四五錢有之；無關而送下程，用銀至七八錢有之；與其餘驛遞應付船隻，則開用水手二三名，人夫七八名，而用銀至七八錢、一兩有之，以致浪費。」「一兩銀」是個多大的數目呢？按當時廣東的米價，一石普遍在一錢以下，一兩銀就是十石米以上。

　　為什麼地方官吏濫給用驛、擅自提高接待標準呢？第一，能夠用驛的人，大多數是來自上級衙門的公差人員，他們的滿意程度如何，往往關係到該地方官員及驛站人員能否保住職位或獲得陞遷。平時，地方官吏巴結無門，如今大駕光臨，又豈有不傾全力以盡所謂「地主之誼」之理？只可憐是苦了百姓。第二，大肆鋪張還可以從中貪污。經過查帳，戴璟發現了橫石磯、官莊、李石岐等驛數目嚴重不符，認定「此係貪贓官吏冒破，情甚可惡，俱經本院查出拿問」。

　　虛報驛站設施，從中吃空額貪污，又是驛站人員斂財的重要手段之一。經過深入調查，戴璟對此也有較清楚的認識。在各類驛站中，馬站的費用高於船站，吃空額的現象也較船站嚴重。據戴璟揭露：「烏石驛，馬四匹倒死三匹；淩江驛原額馬驢十三匹，黃塘、芙蓉、平圍、濛涅、清溪、湞陽六驛原額馬八匹，桃山、北山、大陂、靈山四驛各見存馬二匹，武寧、莫村二驛各見存馬三匹，雷鄉、東海滘、平政、欣樂四驛各見存馬七匹，平安、平山、南豐、興寧四驛各見存

馬八匹，蘇州、通衢二驛各見存馬五匹，腰古驛原有馬十二匹俱已倒死。」可見，各地驛站額馬與實際馬數均存在巨大差額，這個差額就為驛站官吏貪贓提供了方便。「各驛馬匹倒死，馬夫止懸空名，草料工食皆歸官吏，且各驛既不買馬，又省看馬馬夫與食料。」一進一出，貪污的數額就相當驚人。按當時的配給，「週年每馬一匹雇夫工食並草料共設銀九兩」，「腰古驛額馬十二匹俱已倒死」，僅此一項，腰古驛官吏一年即可貪污一百零八兩！有些驛站還多報夫役。「增江驛馬六匹，馬夫六名，連草料每年止該銀五十四兩，今卻開作銀六十三兩二錢，計多九兩二錢。烏石驛見存馬一匹，止該雇夫一名，卻多夫三名，計多銀二十一兩六錢。通屬冒濫。」更嚴重的是，每當公差人員到來，驛站官吏又以雇馬為名，仍向當地百姓攤派。

　　船站吃空額的現象也同樣存在。「五羊驛原額站船七隻，壞爛五隻，見存二隻；快船七隻，壞爛三隻，見存四隻；小船七隻，壞爛一隻，見存六隻。官窯驛原額站船五隻，壞爛四隻，見存一隻；快船四隻，壞爛一隻，見存三隻；小船四隻，俱已壞爛。橫石磯驛站船四隻，壞爛二隻，見存二隻。」上列各站均屬廣州府轄，廣州府的站船潰爛程度已是如此，其它地方驛站的情況就更嚴重了。像「欖潭等驛，各報船隻俱已壞爛，未經修造」。壞爛船隻不報登出之目的就是吃空額。戴璟說：「緣查各驛所開，多係止將原額只數開報，其前項壞爛船隻，尚多未經該驛開除，仍作見在，圖取雇夫工食肥己。」每吃一隻船的空額能貪污多少錢呢？這要視該站所處的地位而定。廣州五羊驛最為繁忙，十九隻站船「通共用夫六十四名」；潮州鳳城驛繁忙程度一般，「站、快、小船各二隻，每驛共用四名」，而「每名每月止給銀五錢，週年給銀六兩，閏月加銀五錢，共銀六兩五錢」。廣州五羊驛站船壞爛五隻，快船壞爛三隻，小船爛壞一隻，約吃船夫空額二十名，每年即可從中貪污一百二十兩以上。

　　利用置換驛站設施，驛遞官吏也可從中侵吞公款。貪污最常見的手法是謊報帳被枕席之類損壞，要求購置，而錢到手後卻只是將舊物略加洗飾再用，錢則被私分了。據戴璟揭露，嘉靖十四年（1535年），雷州、廉州二府攤派了購置費，「民糧每米一石編錢一分一釐八毫一絲四忽三微，共銀一百四十七兩五錢六分」，「此項銀兩今年派出，買補可充十年之用」。當然，雷廉二府的官吏們絕對不會在此之後十年不徵購置費，錢早就被官吏們瓜分了。

　　此外，驛遞官員還可以從雇夫、雇馬、購船、買料等環節中剋扣貪污。戴璟甚至還發現馬匹老弱倒斃之時，驛遞人員將其剝皮賣肉賣鬃，也能賺錢。

　　面對如此繁複、如此倡狂的作弊手法，戴璟制定了一系列措施以堵塞漏洞。戴璟訂立「應付廩糧、夫船、馬疋」條例，專門針對驛站濫給或擅自提高接待標準的現象，規定各驛站均須設立帳簿。「季終填注迴圈文簿數目，繳報本院並分巡道稽查。各驛遞官仍將用過數目，連迴圈簿呈繳赴府，各掌印官尤須用心查究。各季使用銀兩果與迴圈簿內數目相同，並無多破冒、濫浪費之弊方準。」戴璟又制定「議定馬夫馬料」和「議定船隻夫役」條例，全面核准各站應該配備的船隻、馬匹、夫役數額，不准各站再利用吃空額的辦法來進行貪污。戴璟還制定「議處鋪陳」條例，把全省驛站分為三等，其中五羊、淩江、崧臺、興寧、安遠、瓊臺、靈山、太平為一等驛站，分別設有上鋪、中鋪、下鋪。督撫、提督、巡按、欽差用上鋪；布按二司、分巡、府州正官等用中鋪；餘則用下鋪。二三等驛站則僅置中下鋪。而且規定上等鋪設施用舊了可挪至中鋪，類推，中鋪舊移至下鋪，每年只量增少許上鋪被帳即可，這樣便可大大節省開支。

　　戴璟還制定了「定走遞公文抄關看守廳堂買辦等項夫役」、「查革徭編館夫更定該用名數」、「裁定紙劄硃墨」、「裁定各驛遞雇夫雇馬價

銀則例」等條例，目的都是為了做到名實相符，開源節流。戴璟所定
新例均嚴密周詳，務使「綱紀震以臨淵，下有法守，上有經權，匪寬
一分，民用留鞭」。可見，戴璟驛遞制度的改革還頗有點「以法治
驛」的精神。

4.打擊「驛霸」。明代驛遞官吏，包括主管全驛工作的驛丞都沒
有品位，統統屬於未入流的官吏。驛站人員雖屬微末職吏，但畢竟是
官府中人，他們往往受盡過往官差的欺壓淩辱，但他們又狐假虎威，
殘酷盤剝百姓。他們是驛霸的主體。還有一部分鄉間豪滑則借承辦官
差，由他們直接向百姓攤派錢糧夫役。官紳勾結構成驛霸，廣東也不
例外。據戴璟揭露，黃家山驛的郭子豪就是驛霸之一。他「遊手好
閒，積年包當」，從中獲利。戴璟將黃家山驛站官吏及郭子豪一體查
辦。其它驛站的驛霸看到戴璟改革將斷絕其斂財之路，「驛官吏自揣
計窮絕望，教唆光棍積年包攬之徒假作人戶，赴官告要復回」，挑動
人們到官府鬧事，戴璟又乾脆把南雄府淩江驛等一批驛霸統統辭退查
辦，使廣東驛遞驛務風氣一新。

三　戴璟驛遞制度改革的評價

戴璟的驛遞制度改革開明代中後期驛遞整頓的先河。明初洪武永
樂年間的驛遞制度是健全的，執行的情況也較好。朱元璋在制定《大
明律》中還專門闢有《驛律》十二條，還有些其它相關的條文散見於
《名例律》、《吏律》中，《大明律》中的條文對各類違規用驛的做法懲
處非常嚴厲。但是，仁宣以後用驛標準放鬆，驛遞擾民的現象也日益
嚴重。到了明中期，驛遞制度改革的呼聲漸高，各地驛遞制度整頓的
嘗試也先後展開，其中有嘉靖十四年（1535 年）戴璟在廣東、嘉靖三
十四年（1555 年）海瑞在江西南平與興國、嘉靖三十五年（1556 年）

胡松在陝西等一系列驛遞制度改革。正是有了這些地方上驛遞改革成功的經驗，才有了後來全國性的改革。嘉靖三十七年（1558年），世宗下令由兵部主持的「五字五十一條給驛」改革；萬曆初年的張居正改革把驛遞制度整頓推向了高潮。今天，大多數研究明代驛遞制度改革歷史的論著均首推張居正改革，從影響範圍廣泛的角度來看，這是正確的；但就目前所見的史料來看，首先在一省範圍內推行改革的則是戴璟，戴璟改革應是全國驛遞制度改革的先聲。在廣東，戴璟的整頓改革也是較早的。戴璟之後，仍有嘉靖三十八年（1559年）巡按御史潘季馴的改革，但其改革大致仍是戴璟確立的那一套。

　　從改革的嘗試和力度來看，戴璟的改革也絕不亞於張居正的驛遞改革。據《萬曆會典》卷一百四十八《驛遞事例》記載，張居正在驛遞制度方面改革的措施共有六條：「一、凡官員人等非奉公差，不許借行勘合；非係軍務，不許擅用鼓旗號。雖係公差人員，若轎扛夫馬過濫本數者，不問是何衙門，俱不許應討，撫按有違，明旨不行，清查兵部該科，指實參治，若部科相率欺隱，一體治罪。二、撫按司府各衙門所屬官員不許託故遠行參謁，經過驛遞，違者撫按參究。三、有驛州縣，過往使客該驛供送應得廩糧蔬菜，不許重送下程紙劄，如有故違藉此科斂者，聽撫按官參究。四、凡經過官員有勘合者，夫馬中火，止令驛遞應付，有司不許擅派里甲，其州縣司府官朝覲給由入京，除本官額編門皂量行帶用外，不許分外又在里甲派取長行夫馬，及因而計路遠近，折幹入己。五、凡官員經由地方，係京職方面以上者，雖無勘合亦令巡路兵防護出境，仍許住宿公館，量給薪水、燭炭，不許辦送下程心紅紙劄及折席折幣禮物。六、凡內外各官丁憂、起復、給由、陞轉、改調、到任等項，俱不給勘合，不許馳驛。」對比戴璟驛遞改革的措施，我們可以看出，戴璟的改革不僅包含了張居正改革六條的內容及精神，而且在「以錢代役，以雇役代替差役」、

堵塞漏洞、懲治驛霸等方面做得比張居正還更徹底。

　　戴璟驛遞制度改革的做法還一直延續到明末清初。清初著名學者顧炎武在《天下郡國利病書》中曾多次提到戴璟改革措施在清初的執行情況。在談到肇慶府驛傳時說：「舊驛遞設夫頭若干人，凡夫頭一人，編米七十石或八十石，視驛繁簡，計糧明編，十年而更，及廩給庫於皆身執役事，供億繁浩，無論符驗有無，誅索無厭，傾家蕩產十人八九。嘉靖八年，御史蘇恩議官雇法，尚未劃一。十四年，御史戴璟通計各驛一年之費，照糧派銀，隨糧帶徵解府，按季給驛遞供應，其羨以待次年，民免倍償，亦十年一編，今乃逐年派徵。」[53]下引該書同此版本，不再另注。顧炎武在談到雷州府在實施戴璟改革措施時又說：「驛傳眾雜役，馬驛供馬，水驛供船。洪武二十六年定，馬分上中下，上馬每疋該糧一百石，中馬每疋該糧八十石，下馬每疋該糧六十石。應附近鄉村供應，不足則以次及之，戶糧不滿百戶，許眾戶輳當。鞍轡雜物，各照田糧備買。舡設水夫十名，糧五石以上，十石以下，輳合輪當，不拘戶數。後又於裏役中歲僉二人典之，供億浩繁。嘉靖年間，用御史戴璟議，始照糧派銀帶徵，凡所屬州縣有無驛及驛用多寡，通融協濟，其法尤便。」[54]清初陽春縣曾倒退重又實行差役法：「凡遇上司票派公務，奸吏索賄上下手挪移壓票，其愚蠢孤寡不能值日者則奸究包攬承當，派一科十，攘肌入骨，甚而紳衿則有免米，官兵則有折幹，種種情弊，不可枚舉。所以，有產者十年必變其產，無產者十年必隕其命，折屋賣田，典妻鬻子，累斃累逃，走險為盜，皆裏役硬當之為害也。」於是，從康熙二年（1663年）起，陽春

53 顧炎武：《天下郡國利病書》，原編第二十七冊《廣東上》（鄭州市：河南教育出版社，1995年）

54 顧炎武：《天下郡國利病書》，原編第二十八冊《廣東中》（鄭州市：河南教育出版社，1995年）

百姓便不斷向官府請求恢復以錢代役的雇役法。康熙六年（1667年）重行雇役法，《陽春縣志》卷十專闢〈裏役均當始末事宜〉記載明末清初雇役法實施的情況，並認為：「一條鞭例則，通縣均派，不專出於見役，法最善也。」又云：「其法良也，庶可行於千百年無弊矣。」

　　清初修的《程鄉縣志》卷三〈役法〉，也充分肯定了戴璟推行的雇役法。「程當水陸之衝，索夫者繹絡如織，官無驛站銷算之項，不得已而輪派於煙民，嗟我赤子，其能堪此奔走乎！廢時失業，而俯仰何依，錢穀安辦。幸督憲有迴圈稽查之冊，而撫憲嚴無牌索夫之禁，道府倡發銀見雇之舉，而過往差役十減八九，今本縣遇有勘合火牌，反解運錢糧，俱發銀見雇。列憲勒石永遵，程邑萬姓庶得休息而謀生養，志之以期垂久遠矣。」

　　戴璟為什麼能在廣東率先推行「以錢代役，以雇役代替差役」為核心的驛遞制度改革呢？這與明代中後期廣東社會經濟發展狀況有直接關係。明代中後期，廣東社會經濟發展迅速，區域性的商品性生產逐漸形成，市場交易日益頻繁。這個時候，以雇役法代替差役法的社會經濟條件已經具備。一方面，百姓手上已經掌握部分現金，他們已有可能出得起錢來代替勞役了；另一方面，專業化的商品生產要求擺脫嚴廬的人身束縛，讓生產者有更大的自己掌握的空間和時間。這就是戴璟能夠率先推行雇役法的根本原因。對此，顧炎武也有論述：「雇役，舉朝攻之，由今以觀，富者安，貧不轉於溝壑，終不可罷。非耶，始料最繁，自邵御史折而帶徵於糧，民頌便簡，此條編之權輿也。民壯驛傳銀，戴御史亦嘗帶徵，而不混於糧之內，自是或行或罷，霍文敏計兩粵便事嘗抨擊。今即均徭均平，向皆役於十年五年三年者，歲編之，又通為一，謂之條編，稱名少而耳目專，未知天下聖

人之政，東南舉稱之矣。」[55]顧炎武認為，戴璟改革雖「或行或罷」，遭到霍韜的攻擊，但由於它是符合社會經濟發展的，所以「東南舉稱」而不能易。顧炎武總算是看到了問題的本質和關鍵了。

古代廣東驛道交通工具

古代廣東的驛道交通以水路為主，陸路為輔，故交通工具也以舟船為主，以人畜力為輔。下面逐一予以介紹。

一　水上交通工具

屈大均《廣東新語》卷十八《舟語・操舟》開頭就說：「越人善用舟。……九疑之南，陸事少而水事眾。……篙工楫師，選自閩禺，禺，番禺也。……番禺始為舟，其始為舟……故越人習舟。」越人習舟的歷史可以追溯到先秦遠古，這個結論可以從現存的歷史文獻和近代考古發現的大量材料中得到明證。

秦漢以來，廣東驛道開闢，又有了專門用於驛遞的船隻。而且，依據河流上、中、下游河段水位的深淺不同設計了適宜於不同環境的內河船隻。廣東又近海，有著漫長的海岸線，沿海也闢有海上驛道，故又有適宜於近海航行的海舶。

（一）瀧船

北江上游武漢河段便長期使用瀧船作驛船。瀧船又分為單船和雙船。屈大均《廣東新語》卷十八《舟語・瀧船》對瀧船有較準確的描

---

55 顧炎武：《天下郡國利病書》，原編第二十七冊《廣東上》（鄭州市：河南教育出版社，1995年）。

述：「舟自宜章下坪石者，曰單船；自坪石下六瀧至樂昌者，曰雙船。單，小艑也；雙，大艖也。……單者止刳一木，每船三人，上水者篙人在水中，下者槳人在舟中。二人分左右打槳，一人在後，一手持舵，一手打槳，舵亦以長槳為之，故諺曰，上篙下槳。」小艑實際上就是用一條巨木刳成的獨木舟，大艖實際上是把兩隻獨木舟捆縛在一起。每一隻獨木舟需船夫二人駕駛，乘客僅一人而已。

可以毫不誇張地說，每乘坐一次瀧船都是一次驚心動魄的經歷。屈大均《廣東新語》卷十八《舟語・操舟》載，每當「放之順流，遇砐硪大石，一折而過，勢如矢激，故曰紙船。其逆崩流而上者，觸崖抵礐，隨石迴旋。撐者、鉤者數人，牽者數人。牽者在隈岸或怪石間，為深林密箐所蔽，前後不相顧。舟子慮其或過或不及，沖陷石棱，則終日大叫，叫且如哭，如相殺聲，一一悽酸鬱怒，或於石告哀，或與石拒敵，其船乍前乍卻，前者如暴虎，後者如搏熊，一篙失勢，舟破碎漂沒，入於渦盤矣。故舟子非強有力者不能勝，故曰鐵人」。唐代韓愈被貶潮州，曾乘坐瀧舟下韶州，對驚險的經歷有深刻體會。韓愈在《題臨瀧寺》中說：「不覺離家已五千，仍將衰病入瀧船。」又在《瀧吏》中說：「南行逾六旬，始下昌樂瀧，險惡不可狀，船石相舂撞。」聽著礁石碰擊船底的聲音，看著小船在湍急的河流中左躲右閃，韓愈覺得非常可怕。《嘉慶一統志》卷四百四十四〈韶州府〉也載：「南人謂水為瀧，自郴南至韶北有八瀧，皆急險不可入，南中輕舟迅疾，可入此水者名曰瀧船，善遊者為瀧夫。」由於經過瀧水有相當大的危險，所以唐宋時期有一習俗，人們經過此地均祭祀神明。王韶之《始興記》載：「盧水合武水，甚險，名曰新瀧。有太守周昕廟，即開始瀧者。行者放雞散米以祈福，而忌著濕衣入廟。」由於武水實在不宜航行，故唐宋以後，北上驛船多改走湞江至南雄越嶺。

與武水相比，湞江則較為安全。明代黃汴《一統路程圖記》載：「湞江多灘無石，上難而下易，船大無慮。」湞江上的船也是平底船。屈大均於《廣東新語》卷十八《舟語・操舟》中又說：「上江自淩、湞、湟、武諸水以下至清遠，一路灘高峽峭，水多亂石，其船食水淺，率以樟木為之，底薄而平，無橫木以為骨。」

（二）樓船

樓船是西江、東江等較深水域使用的載人驛船。

樓船一詞出現甚早。漢武帝元鼎五年（前 112 年），漢武帝發兵五路進行統一南越的戰爭。其中，路博多為伏波將軍，出桂陽，下湟水；楊僕為樓船將軍，出豫章，下湞水；南海人鄭嚴為戈船將軍，田甲為下瀨將軍，並出零陵。嚴下漓水，甲下蒼梧；另有馳義侯何遺自夜郎發兵，順牂牁江下，相約五路咸會番禺。為什麼叫樓船、戈船等將軍名銜的稱號呢？屈大均也曾進行過考釋，其《廣東新語》卷十八《舟語・瀧船》載：「瀧船又即下瀨船。……海水深故用樓船。灘水淺故用下瀨，下瀨之船小者也。戈船者，戈音劃，撐小舟曰劃，音華，廣陵以小舟為劃子是也。」

樓船當是有重樓的，上層載人，下層載物料，還有瞭望樓。明代工藝師宋應星《天工開物》卷九《舟本・雜舟》對廣東樓船有記述：「廣東黑樓船、鹽船，北自南雄，南達會省。下此惠潮通漳泉則由海汊乘海舟矣。黑樓船為官貴所乘，鹽船以載貨物。舟制兩旁可行走。風帆編蒲為之，不掛獨竿桅，雙柱懸帆不若中原隨轉。逆流憑藉纖力，則與各省直同功云。」

明代後期，西人東來，他們在廣東看到這些高大、精美、豪華的樓船驚歎不已。葡萄牙人克路士在《中國志》中描述：「供官員乘坐的船，有高大的廳房，裏面的房艙布置很好，鍍上金，富麗堂皇。這

邊和那邊有大窗子，帳子用絲織成，掛在窗的細竿上，他們可以從裏面看見外面的人，外面卻看不見裏面。」克路士還說：「在河邊觀賞那數不清的船，來的去的，揚帆的划槳的，是一件很愉快的事。稻田一望無際，遠看似好多張帆的船隻穿過陸地，到你朝船走去，船也朝你駛來，你才看見龐大的船身，也才看見船駛來的寬闊港灣。」[56]利瑪竇對廣東的樓船也有深刻印象。利瑪竇在《中國札記》中說：「一個官員的遊船就大到可以容納他的全家人，和在他們家時一樣地自在。開支全部由公家支付，設置有廚房、臥室和起坐間，裝飾得看來更像是闊人的住宅而不像是遊艇。這類遊艇內部通常塗各種非常光潔的瀝青顏料，即葡萄牙人稱之為漆的東西。」[57]

（三）紅船

紅船一詞常見於明代「廣東方志」，如戴璟《廣東通志初稿》載：「廣州遞運所紅船二十隻，鳳城驛紅船八隻。」但是，今人對紅船的形狀及用途已不太清楚了。趙翼在《陔餘叢考》中有介紹。趙翼於該書卷三十二《滿江紅船》中考證：「江船之巨而堅實可重載者曰滿江紅。董谷《碧裏雜存》云，明祖初得和陽，欲圖集慶，與徐達間行以覘之。至江，直歲除，呼舟莫應。有貧叟夫婦二人，舟甚小，欣然納之，曰，日暮矣，明早渡江。因具雞黍留宿。厥明發舟，老叟舉棹，口中打號曰，聖天子六龍護駕，大將軍八面威風。明祖元旦得此吉語，與達蹋足相慶。登極後，訪得之，無子，官其侄，並封其舟而朱之，故江中渡船稱滿江紅。」可見，紅船原來應是漆成紅色的過江

---

56 博克舍：《十六世紀中國南部行紀》第九章「該國的船艦」（北京市：中華書局，1990年），頁82。

57 利瑪竇：《中國札記》第一卷第八章「關於服裝及其它習慣以及奇風異俗」（北京市：中華書局，1983年），頁85。下引該書同此版本，不再另注。

渡船。明代廣東備有紅船站所的船隻有：廣州遞運所二十艘、橫石磯遞運所二十艘、芙蓉驛十艘、淩江驛八艘、欣樂驛四艘、雷鄉驛六艘、程江驛四艘、鳳城驛八艘、興寧驛四艘、蜆岡驛四艘。

（四）站船

明代站船製造有全國統一規格。宋應星認為，站船與糧船形制大致相同。其《天工開物》卷九《舟車・漕舫》載：「糧船初制，底長五丈二尺，其板厚二寸，採巨木楠為上，粟次之。頭長九尺五寸，梢長九尺五寸，底闊九尺五寸，底頭闊六尺，底梢闊五尺，頭伏獅闊八尺，梢伏獅闊七尺，梁頭十四座。龍口梁闊一丈，深四尺，使風梁闊闊一丈四尺，深三尺八寸，後斷水梁闊九尺，深四尺五寸。兩廒共闊七尺六寸。此其初制，載米可近二千石。後運軍造者，私增身長二丈，首尾闊二尺餘，其量可受三千石。而運河閘口原闊一丈二尺，差可渡過。凡今官坐船，其制盡同，窗戶之間，寬其出徑，加以精工彩飾而已。」

明代廣東的站船與全國規格大致相同，但仍有若干改進。廣東站船所用木料更憂，廣東船體大多採用楠木、鐵力等硬木，耐水浸、抗碰撞的能力更強。廣東站船大多有帆。有單帆、雙帆，雙帆又稱鴛鴦，諺曰：「廣州大艬艟，使得兩頭風。」這說明明清時期廣東站船大多依靠風力為動力，而且順風逆風均可行駛，無需等候潮汐和風向的變化。廣東的站船很早就加以彩繪了。唐代胡曾從韶州坐船到清遠，曾作詩〈自嶺下泛鷁到清遠峽作〉，這說明唐代廣東站船就有將船體畫成鳥狀的習慣。廣東的站船也使用櫓。宋代陳與義在德慶與好友耿百順等吟詠，有詩句「明朝古峽蒼煙道，都送新愁入櫓聲」。在江水較深處，用櫓比用槳更省力、更有效，當然使用時也需要有技巧。

（五）海舶

　　廣東瀕海，有漫長的海岸線，眾多的島嶼，官員公差往來不完全靠內河或陸行，也有相當一部分是從閩浙坐海舶到廣州，從廣州也可以乘坐海舶抵海南島和沿海州縣。宋代廣東的海舶巨大。周去非《嶺外代答》卷六《器用門‧木蘭船桅》載：「浮南海而南，舟如巨室，帆若垂天之雲，舵長數丈，一舟數百人，中積一年糧，豢豕釀酒其中，置生死於度外，徑入阻碧，非復入世」；「今世所謂木蘭舟，未必不以至大言也」。海舶所需木料更加講究。周去非《嶺外代答》卷六《器用門‧木蘭船桅》又載：「欽州海山有奇材二種，一曰紫荊木，堅類鐵石，色比燕脂，易直，合抱以為棟樑，可數百年；一曰烏木，用以為大船之桅，極天下之妙也」；「他產之舵長不過三丈，以之持萬斛之舟，猶可勝其任，以之持數萬斛之蕃舶，卒遇大風於深海，未有不中折者。惟欽產縝理堅密，長幾五丈，雖有惡風怒濤，歸然不動，如以一絲引千鈞於山嶽震頹之地，真淩波之至寶。此桅一雙，在欽值錢數百緡，至番禺、溫陵，價十倍矣。然得至其地者，亦十之一二，以材長甚難海運故耳」。

　　古代廣東驛用船隻的種類還有快船、小船、劃子等，在此不再一一介紹。

　　總的來說，古代廣東驛船的造船水準居於全國先進行列。又據屈大均《廣東新語》卷十八《舟語‧洋舶》載，廣東驛船的優點具體表現為：第一，選料上乘。廣東船隻無論大小均選用鐵力、楠木、樟木等硬木，既耐碰撞，又絕少蛀蝕腐爛。第二，做工精細。廣東造船「錮以瀝青、石腦油、泥油，填以礦石，碇以獨鹿木，紮以藤，縫以椰索，其碇以鐵力、木杪。釘以桄榔、淬釘以蛇皮內膏，蓋海水咸，爛鐵妨磁石，故皆不用鐵物云」。第三，構造合理。廣東驛船種類繁

多，視不同環境、不同用途來搭配使用。

　　由於造船水準先進，又有良好的駕駛技術，故效率也頗高。內河航行，唐代李翱從南雄到廣州，走了十二天。清代康熙年間王士禎走相同的路，共用了十天。清代康熙年間欽差大臣杜臻也走過此路，從南雄到韶州，走了三天，從韶州到三水，也走了三天。杜臻是奉旨巡視閩粵海防，途中不敢絲毫耽擱，所以迅速一些。[58]總體來說，明清時期北江順流可日行百里以上；逆流則慢些了。屈大均於《廣東新語》卷二《地語‧永安縣》中說：「自歸善水東，溯東江而行，凡三日，至苦竹派。」東江逆行則日行三十餘里左右。至於西江，江闊水深，順逆皆用大船。明代田汝成從三水至梧州上任，共用了四天，其中還在新村三洲岩遊玩了半天。[59]近海的航速也較快。在南中國海，廣州、海口、廉州均是重要的海交中心。〔萬曆〕《瓊州府志》卷三〈地理志〉載，明清時期，海口至徐聞是半天；海口至廣州沿海岸是五至六天，走外海最快是三天；海口至福建是七至八天：海口至浙江是十三天；海口至廉州是四天；海口至崖州，環島東行是五天，環島西行是六天；海口到交趾的萬寧縣是四天。從廉州到雷州是三天半，到瓊州是二天，到廣州是十天。

二　陸上交通工具

　　古代廣東驛道以水路為主，但陸路也不少，如廣州至潮州下路為陸路，肇慶至高、雷、瓊、廉為陸路，廣州至南雄是水陸並用。即使是水路，有些路段也仍需陸行，如翻大庾嶺、從龍川至興寧等。所

---

58 杜臻：《粵閩巡視紀略》卷一《孔氏岳雪樓影鈔本》，頁7。下引該書同此版本，不再另注。

59 汪森：《粵西叢載》卷三〈入粵紀程〉，收錄於《筆記小說大觀》第九冊，頁155。

以，陸上交通工具仍不能缺。古代廣東陸上交通工具有馬、牛、車、轎、驢等，種類也不少。

（一）馬

宋代廣東所用驛馬以雲南馬為主。宋代與北方先後崛起的少數民族政權對峙，戰爭不斷，馬為戰爭重要物資，宋政府是難以從北方購買的。於是，宋政府轉而向當時割據雲南的大理國購買馬匹。南宋政府更在邕州開橫山寨博易場和永平寨博易場，設「招馬官」專門負責買馬。周去非《嶺外代答》卷五〈經略司買馬〉載：「自元豐間，廣西帥司已置幹辦公事一員於邕州，專切提舉左右江峒丁同措置買馬。紹興三年，置提舉買馬司於邕」；「常綱，歲額一千五百匹，分為三十綱，赴行在所。紹興二十七年，令馬綱分往江上諸軍，後乞添綱，令元額外，凡添買三十一綱，蓋買三千五百匹矣。此外，又擇其權奇以入內廄不下十綱。馬政之要，大略見此」。可見，宋政府每年向大理買馬不下四千五百匹。每次交易，「經略司先下昭、賀、藤、容、高、雷、化、欽、廉、宜、柳、融、貴、潯、鬱林州，差見任使臣三十二人，前來橫山押馬」。據說，大理馬到廣西時，遠涉千里，十分疲憊，但每馬餵鹽兩斤，再放養十天，就能恢復體力，體力恢復後再解押全國各地。為了確保馬匹能安全運解各地，宋政府又規定了獎懲制度。周去非《嶺外代答》卷五〈馬綱〉載：「凡全綱不死損者，押綱官轉一官，減三年磨勘。死損三分者，有降官之罰。其餘賞罰有差。將校軍兵，各以所牽馬為賞罰。賞則補以階級，不願則請錢。罰則加杖而遣之。大抵押馬乃武臣軍校速化之途，而副尉累以賞轉至正使者，不可勝數。」大理馬體型雖不及北馬高大，但耐力好。樊綽《蠻書》卷七〈物產〉載，其中越賧馬「尾高尤善馳驟，日行數百里，本種多騣，故近稱越賧騣」。雲南馬腳力好主要是自小野外放

養，飼料也精，養飼餵米水、鹽等。廣東自產也有馬，稱「果下馬」。周去非《嶺外代答》卷九〈果下馬〉載：「果下馬，土產小駟也。以出德慶之瀧水者為最。高不逾三尺，駿者有兩脊骨，故又號雙脊馬。健而善行，又能辛苦。瀧水人多孳牧。」粵西人養果下馬以代腳力的習慣一直延續至近代。

馬是驛遞交通運輸中最快的工具。歷代統治者均強調若非緊急情況不得擅用驛馬，但也有例外，如歷代統治者均用馬驛飛馳傳送嶺南荔枝。《後漢書》載：「永元十五年，嶺南舊貢生龍眼、荔枝，十里一置，五里一堠，晝夜傳送。」據吳應逵《嶺南荔枝譜》卷五〈雜事上〉載，唐明皇時楊貴妃愛吃新鮮荔枝，「明皇詔馬遞進南海荔枝，七日七夜達京師」，「比至長安，色味不變」。宋代驛馬速度也很快。《夢溪筆談》載：「驛傳舊有三等，曰步遞、馬遞、急腳遞。急腳遞最驟，日行四百里，惟軍興則用之。熙寧中，又有金字牌急腳遞，如古之羽檄也，以木牌朱漆黃金字，光明眩目，過如飛電，望之者無不避路，日行五百餘里，有軍前機速處分則自御前發下三省，樞密院莫得與也。」元代馬速最快。《元大德南海志》卷十〈水馬站〉載：「廣為揚州盡處，去京師萬餘里。然葉舟風遞，驛騎星馳，不十餘日可至，何其速也。」元代規定，馳馬傳遞一天不得過三站，恐怕驛馬累死。即使以此計算，從廣州出發，第一站是郭堂，第二站是李石岐，第三站是橫石磯，即一天即可穿越今白雲區、從化市、佛岡縣、清遠縣，抵達清遠與英德交界處。而從橫石磯到韶州是一天程，從韶州到南雄也是一天程，第四天即可進入江西省了，速度自然是比水路要快得多了。

（二）牛及牛車

古代粵西地區很早就有以牛拉車作為運輸工具的習慣。漢代楊孚

《異物志》就曾載：「日南有駅牛，日行數百里。」清代范端昂《粵中見聞》卷三十二〈物部·牛〉載：「雷牛有犎牛，其項有骨如復門，頸上肉突起如駱駝，日行三百餘里。又有金牛，色如金。」「犎牛」、「色如金」都說明用做運輸的牛是黃牛而不是水牛，水牛力大，宜於耕作；黃牛力韌，利於運輸。牛也不是直接讓人騎在上面，而是用牛拉車，故配驛牛的驛站也必定配車。元代海南海北道共配驛牛四百隻，車七十輛。牛車雖慢，但卻安全，在不趕時間的情況下，乘坐牛車也是很舒服的。

元代在海南海北道普遍使用牛車是一種因地制宜的做法。該地區河流雖多，但均短促流急，均不宜於水運航行。該地區又是臺地丘陵地區，灌林茂密，也不宜於騎馬。再加上南人不善騎馬，南地又不產馬，採用牛車應該是最佳的選擇了。

（三）轎

轎作為驛遞交通工具出現較晚。據趙翼《陔餘叢考》卷二十七〈官府乘轎〉考證：「唐時期官出使，皆乘驛馬，間有乘擔子者，夫皆自雇。」當是唐朝驛站不備轎的明證。北宋時期間有用轎，但常被指責為不合儒家倫常。據說：「王荊公在金陵，嘗乘驢，或有進肩輿者，公怒曰，奈何以人代畜！」南宋是開始普遍使用轎的時期。「南方本少馬，且磚石甃地，不便乘騎，而又無朝廷明禁，遂不覺日趨於安逸耳。高宗南渡後方乘轎，遂相沿不改。是近代乘轎，實始於宋南渡也。」到了明代，「嘉隆以來，南京大小皆乘輿，惟有兩人四人之分。而北京亦用肩輿出入，即兵馬指揮亦然」。[60]可見，明清時期官員

---

60 趙翼：《陔餘叢考》卷二十七〈官府乘轎〉（石家莊市：河北人民出版社，1990年），頁472-476。

外出大多乘轎，高官乘四人抬的轎，小官乘兩人抬的轎，只有沒有品位不入流者乘馬。

元代廣東驛站也有設轎。如潮州路設轎二十乘，海南海北道設坐轎一百零五乘，臥轎三十乘。元代的驛轎主要用於山區舟馬難行，且官員年老體弱者，還不是作為身份的象徵。明清則不同了，官員外出，除乘船外，陸行必定乘轎。王臨亨《粵劍編》卷四〈紀行一〉載，明代王臨亨任刑部主事時到廣東辦案，從江西大余翻梅嶺至南雄，全程均乘轎，也僅需一天。清代杜臻南巡視察，從肇慶渡江開始陸行，穿越新興、陽春、電白等縣，抵達高州，全程走了八天。[61]清代廣州至潮州下路，「自潮州至惠州，路頗通坦，可車可轎」[62]，全程都是有轎可乘的。據《古今圖書集成》中《考工典》第一百七十四卷〈車輿部〉載，各地轎的形式也不同，北方的轎追求豪華保暖，南方的轎講究舒適通風。如明清時期福建漳州的轎，「削木為幹，編竹絲作鳥獸花草之紋在阿堵中，鏤骨作花飾之，精巧輕便。前有門，可閉如堂密，微寒時以避煙雨。旁有檽門，開如翼張，溽暑時以通涼颼。又如式可以俯憑，如床可以仰臥。小轎以竹為之，不施雕飾，亦復妍雅」。漳州與潮州相鄰，其樣式應該是一致的。中國官員乘轎的習俗還傳至國外。元朝時周達觀曾到束埔寨，據周達觀《真臘風土記・官屬》載，當時真臘國的官員「其出入儀從亦有等級，用金轎扛四金傘柄者為上，金轎扛二金傘柄者次之，金轎扛一金傘柄者又次，止用一銀傘柄者又其次之」。轎與金傘的配套使用就成當時真臘國官員身份的象徵。周達觀還詳細介紹了真臘國轎的製作及外形。

---

61 杜臻：《粵閩巡視紀略》卷一，頁14。
62 檀萃：《楚庭稗珠錄》卷三（廣州市：廣東人民出版社，1982年），頁100-101。

（四）驢

　　驢多產於北方，但古代廣東也曾有養驢的記錄。《元大德南海志》卷七〈物產〉載：「畜：馬、騾、驢、牛、羊……。」但估計不是很普遍，養驢及把驢作為驛遞交通工具也主要在南雄大庾嶺一帶。明代黃汴《一統路程圖記》在介紹大庾嶺道時說：「梅嶺路隘，驢馬遺溺甚臭，宜醉飽而去。」[63]驢是一種很適合在崎嶇山路行走的交通工具，載人載貨均可使用。

　　總之，古代廣東人民能依據廣東的實際情況，創造出多種多樣的驛遞交通工具，大大提高了效率，推動了古代廣東交通事業的發展。

---

63 楊正泰：《明代驛站考》（上海市：上海古籍出版社，1994年），頁208。

第二編
制度事件

元代廣東社會經濟發展及民族融合

　　提起元朝歷史，人們就會想到戰爭頻仍，帶有奴隸制殘餘的統治，強烈的民族壓迫，等等。於是，很容易就會籠統得出「社會經濟崩潰、倒退」之類的結論。如著名經濟史專家傅築夫就曾論斷：「總之，整個元朝一代，不僅是社會經濟的大倒退時期，而且是整個歷史文化的一個大倒退時期。」[1]如按傅先生的論斷，則此命題便不能成立了。廣東是宋元交替最後決戰的地方，廣東又是元代民族壓迫色彩最濃厚的所謂「南人」地區，理應是倒退最嚴重的地區。事實卻恰恰相反！只要我們細心地分析元代廣東史料，就會發現，元初廣東經濟確曾一度倒退，但倒退的程度不一，除粵北、粵東地區幾經爭奪破壞較大外，其它地區的破壞則不太嚴重，而且恢復很快。在元朝統治者不斷地調整民族政策的情況下，廣東經濟順著自唐宋以來發展迅速的慣勢，仍保持了後來居上的勢頭，並為明清廣東社會經濟的大發展打下了重要的基礎。

　　另外，元代廣東史的研究歷來是個薄弱環節，在這近百年的歷史中，研究成果寥寥。筆者對此進行的研究也不成熟，只是希望能對元代廣東史的研究起點促進作用。

1　傅築夫：《中國古代經濟史概論》（北京市：中國社會科學出版社，1981年），頁146。

一　元代廣東社會經濟的發展

（一）人口增長

　　眾所週知，在古代中國，和平環境、經濟發展，人口就會隨之增長；反之，人口就會減少。因此，人口的增減就是衡量社會發展的一個重要的綜合性標誌。

　　元代廣東的人口總數基本上是呈增長態勢的。元代將今廣東大部劃歸江西行省廣東道宣慰司，今高、雷、化地區劃歸湖廣行省海北海南道。我們可以首先將上述兩地區宋代的人口總數與元代的總數加以比較。據《宋史・地理志》統計，上述兩地區總戶數為五十四萬八千六百三十四，口數為九十萬八千七百二十八。另據《元史・地理志》統計，上述兩地區總戶數為五十萬二千四百五十九，口數為二百六十三萬七千零七十七。兩相對比，元代總戶數稍低於宋代，而口數則為宋代的兩倍，淨增口數一百七十二萬八千三百四十九，增幅是非常明顯的。

　　廣州路人口增長最為迅速。宋代淳熙年間，廣州府戶十八萬五千七百一十三，口二十五萬五千八百七十七。[2]而《元史・地理志》載，廣州路戶十七萬零二百一十六，口達一百零二萬一千二百九十六。《元史・地理志》沒有明確記載為何時統計的資料，但可從元代修的《南海志》卷六《戶口》中得到印證。該志載：「聖朝，至元二十七年，抄數，戶一十七萬二千二百八十四。」與《元史・地理志》所記幾乎完全相同。此後，廣州路人口仍在不斷增長，「大德八年（1304 年）報數，戶十八萬零八百七十三」[3]。從至元二十七年

2　陳大震：《南海志》卷六〈戶口〉，頁3。

3　同上。

（1290 年）到大德八年（1304 年），短短的十四年間，廣州路人口增近萬戶，足見元代初年廣州路經濟恢復速度之快。故此，元代廣東番禺人陳大震說：「自王師滅宋平廣以前，兵革之間，或罹鋒鏑，或被驅掠，或死於寇盜，或轉徙於他所，不可勝計。至元二十七年，朝廷籍江南戶口，方見定數。比年官府肅清，盜賊寧息，人皆安生樂業，故廣之生齒日蕃，戶計日增矣」[4]。隨著廣州路地位的日漸重要，元代將宋代廣州的中府升為上路。

元代海北海南道的高、雷、化三路的人口增長也頗為驚人。據《宋史·地理志》統計，宋時，高州一萬一千七百六十六戶，雷州一萬三千七百八十四戶，化州九千三百七十三戶，三州合計總戶數為三萬四千九百二十三戶。而《元史·地理志》載，元時，高州戶一萬四千六百七十五，口四萬三千四百九十三；雷州戶八萬九千五百三十五，口十二萬五千三百一十；化州戶一萬九千七百四十九，口五萬二千三百一十七。三路合計，元代總戶數達十二萬三千九百五十九，總口數達二十二萬一千一百二十。兩相比較，元代高、雷、化三路的人口增長當是宋代三倍以上。按人口自然增長規律來看，這是不太可能的事情。元代高、雷、化地區人口的急劇增長是由某些外來因素促成的。據《元史·兵志·屯田》記載：「世祖至元三十年，召募民戶併發新附士卒，於海南、海北等處立屯田。成宗元貞元年，以其地多瘴癘，縱屯田軍二千人還各翼，留二千人與召募民之屯種。大德三年，罷屯田萬戶府，屯軍悉令還役，止令民戶八千四百二十八戶屯田。」換言之，此地人口的急增是由大批軍屯戶直接轉為民戶造成的。此外，元代仍留有大量的民屯戶。其中：雷州一千五百六十六戶，田一百六十五頃；高州九百四十八戶，田四十五頃；化州三百四十三戶，

4　同上。

田五十五頃。足見，元代是高、雷、化地區得到大規模開發的重要時期。

對比《宋史‧地理志》與《元史‧地理志》，元代人口增長較顯著的地區還有：肇慶，宋代為府，戶八千九百七十九，元代為路，轄區與宋同，戶達三萬三千三百三十八；德慶，宋設府，戶八千九百七十九，元代為路，轄區與宋同，戶達十三萬七千零五十。

元代人口減少的地區有：韶州，宋設州，戶五萬七千四百三十八，元設路，戶一萬九千五百八十四，剔除翁源一縣劃入英德州管轄的因素，人口的減少仍然是明顯的；潮州，宋設州，戶七萬四千六百八十三，元設路，轄區與宋同，戶六萬三千六百五十；循州，宋設州，戶四萬七千一百九十二，元轄區不變，戶僅剩一千六百五十八。上述地區人口銳減的原因大體有三：其一，上述地區宋元交替均曾發生激戰，社會經濟遭受較大破壞；其二，韶循地區多為山區，開發雖較早，但自然條件遠不及沿海地區，一經戰亂，較難恢復，而且隨著沿海地區的大規模開發，上述地區人口的大量繼續南移當是必然；其三，廣東沿海居民歷來有出洋經商習俗，為避戰火和異族統治，紛紛逃亡海外，其中尤以潮州人移居今東南亞一帶為多。

（二）農業

水利是古代農業的命脈。元代在廣東開展了大規模的農田水利基本建設。經濟史專家李劍農曾進行過統計，宋代三百餘年，廣東的水利工程為四十四起；而元代不足一百年，則修水利三十五起。[5] 元代廣東的水利工程集中在以廣州為中心的珠江三角洲地區。據蔣祖緣、方志欽主編的《簡明廣東史》統計，元代廣州路築堤十一處，三十四

5　李劍農：《宋元明經濟史稿》（北京市：三聯書店，1957年），頁18。

條，共長五萬零五百二十六丈，護田二十三萬三千二百畝。[6]元代築堤技術也有進步。堤高往往在一丈至一丈五尺之間，為宋堤的三倍以上；開始修築石堤、處理缺口時用大石或沙包墊底；等等。今高鶴地區的大沙田、陶築圍、三洲圍、南岸四圍、羅秀圍、秀麗圍均為元代所築。今南海的大路圍與羅格圍、東莞的福隆堤、博羅的龍蘇村堤均經元代大規模修整。這些堤圍的修築，大體固定了珠江三角洲的河道，促進了珠江三角洲的開發。

元代海北海南道的興修水利規模更大。元成宗大德年間，廣西道宣慰副使烏古孫澤，屯田雷那扶，為解決灌溉問題，「破水墾田，築八堤以節緒泄，得稻田無算」。升任海北海南道廉訪使後，又進一步整治雷州水利，「濬故湖，築大堤，竭三溪瀦之。為斗門七，為渠三十有四，開良田數千頃，濱海斥鹵並為膏壤」，並設人看守，定時開閉閘竇，深得民心。民謠頌曰：「瀉鹵為田兮，孫父之教；渠之泱泱兮，長我粳稻；自今有年兮，無旱無澇。」[7]

由於元代廣東各地經濟恢復較快，廣東成為重要的糧產區，元代廣東便有大量剩餘糧食外運。元朝政府每年從江西行省徵糧達一百一十五萬七千九百四十八石，占全國各省的第三位，徵鈔達五萬二千八百九十五錠，僅次於江浙行省而排第二位。而湖廣行省也是全國的主要稅糧區之一，納糧排全國第四位，納鈔排全國第三位。元代廣東糧食除大量北運外，還有大量剩餘糧食出口。《元史》卷一百六十六〈張玉傳〉載，至元二十年（1283年），元兵遠征占城、交趾，戰鬥最激烈時，廣州始發生歐南喜等農民起義，起義軍「遏絕占城糧道」，殺護糧餉道的地方官合剌普華，引起元朝統治者極大恐慌，連

6　蔣祖緣、方志欽：《簡明廣東史》（廣州市：廣東人民出版社，2007年），頁178。
7　邵遠平：《元史類編》卷二十七〈烏古孫澤傳〉（臺北市：文海出版社，1984年），頁1445。

忙派都元帥張玉率大軍前來鎮壓。《元史》卷二百零九〈外夷二〉載，至元二十一年（1284 年），唆都徵調越裏、潮州、毗蘭了三道屯軍赴占城、交趾，也「因其糧餉，以給士卒，庶免海道轉輸之勞氣」。此後，廣東糧食的民間外運數額也十分巨大，危及到國內對廣東糧食的需求，故元政府曾三令五申禁止廣米出口。據《通制條格》卷十八〈關市・下番〉條載：「至元二十五年八月，中書省御史臺呈，海北廣東道提刑按察司申，廣東官民於鄉村糴米伯碩仟碩至萬碩者，往往搬運前去海外占城諸番出糴，營求厚利，擬合禁治，都省準呈。」《元史・食貨志・市舶》也載：「禁廣州官民，毋得運米至占城諸番出糴。」元代是廣東糧食生產的鼎盛時期，明清時期廣東糧食單產雖較元代為高，品種也較元代為多，但由於人口增長過速、經濟作物種植面積的擴大以及糧食種植面積的減少，廣東不但沒有多餘糧食外運，反而須從外省或東南亞諸國購入大量糧食。

元代廣東也開始大規模種植各類經濟作物。如珠江三角洲地區，香料中的欖香，「其價舊與銀等，今東莞縣地名茶園，人盛種之，客旅多販焉」。花木的素馨，「今城西九里，地名花田，彌望皆種此花，其香他處莫及，古龍涎香餅及串珠之類，治以此花，則韻味越遠，販女或以蕉絲為穗，鬻於市」。西瓜，廣東自元代才開始種植，「今嶺南在在有之，遂為土產」[8]。元代廣東棉花種植佔有相當重要位置。廣東植棉始於宋，宋人筆記中有不少廣東植棉織布的記述。據《元史》卷十五〈世祖紀十二〉載，元代棉花種植範圍擴大到以長江以南為主，故至元二十六年（1289 年），忽必烈下令：「置浙東、江東、江西、湖廣、福建木棉提舉司，責民歲輸木棉十萬匹。」

8　陳大震：《南海志》卷七《物產》，頁38。

（三）手工業

　　元朝統治者注重手工業，尤以官營手工業最為發達，元代廣東手工業也得到發展。

　　製鹽是廣東重要的手工業。據《元史‧食貨志‧鹽法》載：「廣東之鹽，至元十三年，克廣州，因宋之舊，立提舉司，從實課」；「延祐五年，又增至五百五十二引，所隸之場凡十有三」。後又增至「正餘鹽通為五萬一百六十五引」。廣東境內的主要鹽場有：廣州路的靖康、香山、東莞、歸德、黃田、海晏、矬崗，潮州路的隆井、招收、小江，惠州路的淡水、石橋，南恩州的雙恩、鹹水。高、雷、化州的鹽場則屬廣海鹽課提舉司，由於元代廣海鹽司統管今海南、廣西欽廉和廣東高雷化地區所產之鹽，故不易區分三地鹽產所佔比例。僅就廣東鹽司計算，元代一引合四百斤，合產鹽年均超過二千萬斤。廣東是全國最重要的鹽產區之一。

　　元代廣東礦冶業在全國也佔有重要位置。《元史‧食貨志》列數了全國最重要的礦冶基地。其中韶州產鉛、錫、銀、銅均榜上有名。宋代韶州岑水銅場是全國最重要的銅礦冶煉場，鼎盛之時，占宋代全國冶銅生產的半數以上。元代岑水場仍具有相當規模。《元史‧百官志‧寶泉提舉司》載：「至正十二年，置銅冶場於饒州路德興縣、信州路鉛山州、韶州岑水，凡三處。」足見，元代岑水場仍為全國三大冶銅中心之一。韶州的民間冶銀也有很大規模。《元史‧食貨志》載：「銀，至元二十三年，韶州路曲江縣銀場聽民煽煉，每年輸銀三千兩。」元末，陳友定割據福建及粵北，曾在興寧縣寶山採銀，得銀數百萬兩，因名寶山。[9]

9　顧祖禹：《讀史方輿紀要》卷一百零三《廣東四》（上海市：慎記書莊石印本，清光緒年間），頁3。

　　採珠業也是廣東有特色的手工業。元朝統治者嗜好珍寶，統一廣東後，至元二十五年（1288年），「定湖廣省課珠九萬五百一十五兩」。延祐四年（1317年），設「廣州採金銀珠子提舉司」。[10]廣州路的採珠場主要是東莞的大步海和惠州珠池二地。採珠戶基本上是「疍戶」，即水上人家，元代將他們淪為係官人匠。採珠戶的生活是十分悲慘的。陶宗儀《輟耕錄》卷十〈烏晝戶〉載：「採珠之人，懸於腰，沉入海中，良久得珠，撼其，舶上人挈出之。」而葬身於鱷魚蛟龍者，「比比有焉」。為此，泰定年間，中書平章政事張圭曾奏議罷採珠之事。[11]但實際上並不能制　止，反而規模越來越大，後至元三年（1337年），元順帝曾一次「以采珠戶四萬賜伯顏」[12]。

　　元代廣東造船業也相當發達。元代，曾多次對占城、爪哇等海外用兵，海路出發的集結地往往都在廣東。如至元十九年（1282年），忽必烈令梭都「率戰船千艘，出廣州，浮海伐占城」[13]。船也主要在廣州製造。元世祖時，曾一次下令廣州建造「微爪哇船五百合」[14]。元代廣東造船技術領先於全國乃至全世界。據旅遊家拔都他《遊記》記述，「廣舶」，大艟有帆多至十二張，櫓二十棹，每櫓需三十人才能搖動，大艟可載一千人，船分四層，各種日常生活設備、救生設備一應俱全。[15]下引該書同此版本，不再另注。廣東境內，河湧密佈，元代廣東境內遍設水陸驛站，珠江河內還設有眾多定期渡輪，需要大量

10　王圻：《續文獻通考》卷二十七《坑冶》（臺北市：文海出版社，1984年），頁1632。下引該書同此版本，不再另注。

11　孫承澤：《元朝典故編年考》卷七（臺北市：文海出版社，1984年），頁393。

12　王圻：《續文獻通考》卷二十七《坑冶》，頁1634。

13　魏源：《元史新編》卷二十九《塔出傳附梭都》（臺北市：文海出版社，1984年），頁1169。

14　阮元：《廣東通志》卷二百四十一《塔剌海哈傳》，頁4312。

15　轉引自張星烺《中西交通史料彙編》第二冊（北京市：中華書局，1977年），頁55。

的中小型船隻，也促進了廣東造船業的發展。

　　元代廣東陶瓷業迅速崛起。元代廣東陶瓷生產集中於佛山、東莞、陽江，三地產瓷之處均稱「石灣」，合稱「廣窯」。「廣窯，南宋渡後所建。」[16]到了元代，廣東陶瓷便大量出口。拔都他曾說，廣州最大的工廠是陶瓷工廠，所產瓷器經三天燒製成，「中國人將瓷器轉運出口至印度諸國，以達吾鄉摩洛哥」；「此種陶器真世界最佳者也」。[17]

（四）海外貿易及都市

　　元代，海外貿易的首要地位雖讓位於福建泉州，但廣州仍是全國最重要的海外貿易港市之一。元代，經中央政府指定的開放貿易港口多寡不一，多時有泉州、慶元、廣州、上海、澉浦、溫州、杭州等七處，但興廢不常，最固定、最主要的港口只有泉州和廣州。以廣州自身比較，元代廣州的海外貿易與宋代相比仍有相當發展。

　　元代廣州直接與外國進行海外貿易的國家和地區有所擴大。據《南海志》卷七〈舶貨〉載，當時與廣州有直接海外貿易的地區和國家共一百四十五處。包括東起菲律賓群島，中經印尼群島、印度次大陸、波斯灣地區、阿拉伯半島，直至東非沿岸，而宋代海舶一般只航行至印度西南部，再往前則須換乘阿拉伯海船了。元代廣東海商還把這些海域劃分為「東洋」、「小東洋」、「大東洋」、「小西洋」等。[18]東西洋的稱謂為明人所承襲，後有明朝人張燮著《東西洋考》。

　　元代廣州進口的貨物品種也超越宋代。當時，廣州經常性進口的番貨有七十餘種。其中，有傳統的供統治者享受的奇珍異物，但更大

---

16 轉引自《中國瓷器》（北京市：輕工業出版社，1983年），頁232。
17 轉引自張星烺《中西交通史料彙編》第二冊，頁69。
18 陳大震：《南海志》卷七〈舶貨〉，頁46-47。

量的是人民大眾所歡迎的生活必需品，這也是宋代廣州海外貿易與元代廣州海外貿易性質的不同。如布疋類有「白番布」、「花番布」、「草布」等；藥材類有「胡椒」、「沒藥」、「丁香」、「豆蔻」、「白竭」、「茴香」、「雄黃」、「蘇合油」等；日用雜貨類有「沙魚皮」、「皮枕頭」、「黃臘」、「花白紙」、「藤」、「大青」等；此外，還大量進口東南亞名貴木材，如「蘇木」、「射木」、「烏木」、「紅柴」。而經廣州出口的大宗商品則有絲織品、陶瓷、金屬器皿、糖，以及日常生活文化用品。[19]

《南海志》曾概括道：「廣為番舶湊集之所，寶貨叢聚，實為外府，島夷諸國，名不可碑，前志所載四十餘。聖朝奄有四海，盡日月出入之地，無不奉珍效貢，稽首稱臣，故海人山獸之奇、龍珠犀貝之異，莫不充儲於內府，畜玩於上林，其來者視昔有加焉，而珍貨之盛，亦倍於前志之所書者。」[20]

還有，元初泉州地位超越廣州，其中人為因素占很大成分。據《元史・世祖紀》載，至元三十年（1293 年），翰林學士留夢炎疏云：「杭州、上海、澉浦、溫州、慶元、廣東、泉州置市舶司凡七所，惟泉州物貨三十取一，餘皆十五抽一，乞以泉為定制。」忽必烈完全採納了留夢炎的建議，劃一關稅制度。這種特殊的關稅優惠政策，對元初泉州取代廣州的地位起到重要作用。值得注意的是，《元史・食貨志》也記載此事，但稍作修改，則本義相反。該志云，至元三十年（1293 年），「泉州、上海、澉浦、溫州、廣東、杭州、慶元市舶司凡七所，獨泉州於抽分之外，又取三十分之一以為稅，自今諸處，悉依泉州例取之」。兩相比較，少了「餘皆十五抽一」，這一少則

---

19 同上書，頁44-45。

20 同上書，頁44。

把《元史・世祖紀》中的獨泉州稅輕說成了獨泉州稅重。今人論及此事，均採《元史・食貨志》而不用《元史・世祖紀》，亦不辨析，不知何解，似應以《元史・世祖紀》留夢炎原疏為是。

除廣州外，廣東境內的潮州及高雷地區仍有相當規模的海外貿易活動。《元史》卷十七〈世祖紀十四〉載，元世祖至元三十年（1293年）令：「立海北海南博易提舉司，稅依市舶司例。」為了溝通廣州與高雷之間的交通，至元年間廣東宣慰使塔剌海哈還專門「開西驛路，以便步遞海舶」[21]。這是一條新闢的相當重要的交通要道。唐宋時期，由廣州到高、雷、瓊諸州均須經西江入梧州北流，轉陸路入高雷，繞了一個大彎路。唐李德裕由潮州轉崖州、宋蘇軾由惠州轉貶海南，所走正是此路。今廣西梧州北流縣桂門關（又稱鬼門關）都留下了他們的著名詩篇與摩崖石刻。塔剌海哈開西驛道，徑走南恩州，對促進粵西發展起到了關鍵作用。而潮州，位居廣州至泉州之間，也是天然良港，元時，「舶通甌吳及諸蕃國，人物輻集」[22]。《元一統志》卷九〈潮州〉也盛讚潮州之繁華，「初入五嶺，首稱一潮，土俗熙熙，有廣南閩嶠之語」。

元代，廣東境內設錄事司的都會有三：廣州、潮州、韶州。錄事司，今人較少專論，《元史・百官志》載：「錄事司，秩正八品，凡路府所治置一司，以掌城中戶民之事。」可見，錄事司乃元代創立的專責城市管理的機構。一般情況下，「民戶二千戶以上設錄事司司侯、判官各一員；二千戶以下，省判官不置」；「若城市民少，則不置司，歸之倚廓縣」。廣州、潮州、韶州三路設錄事司正說明上述三城是元代廣東三個經濟區域的中心。

---

21 阮元：《廣東通志》卷二百四十一〈塔剌海哈傳〉，頁4213。

22 周伯琦：《蕭政箴》，轉引自韓儒林主編：《元朝史》上冊（北京市：人民出版社，1986年），頁440。

二 元代廣東的民族政策和民族融合

元代廣東的社會經濟為什麼會得到進一步發展呢？這牽涉到很多問題，在此只能談談元代廣東的民族政策和民族融合對廣東社會經濟發展的影響。

首先，元朝統治者在統一廣東過程中，已注意到避免過分殺戮、過分民族壓迫，這是元代廣東社會經濟得以繼續發展的先決條件。早在一九五七年，元史專家楊志玖先生就曾說過：「不應把經濟破壞看做在元朝整個統治時期一成不變，事實上，破壞的程度，是隨著時間先後而有所不同的。」[23]現在，這個觀點已為大多數元史研究者所接受。此後，人們都曾留意到《元史》卷八〈世祖五〉中這樣一段史料，至元十二年（1275年），忽必烈對南宋降臣高達說：「夫爭國家者，取其土地人民而已，雖得其地而無民，其誰與居？今欲保守新附城壁，使百姓安業力農，蒙古人未之知也。爾熟知其事，宜加勉旃。」並以此作為元蒙統治者民族政策改變的鮮明標誌。而元朝統一廣東正是在這新政策確立之後。所以，元兵在廣東確曾有殺戮平民的情況，但已絕非攻佔襄樊、攻佔台州等時的情形所能相比了。

元朝在統一廣東過程中，所用將帥大多是漢人或漢化程度較高的少數民族傑出人物。元朝最後平定廣東是以張弘範為主帥、李恒為副帥、塔出為留後，三人俱是注重攻心為上、招降為主的名將。魏源《元史新編・張弘範傳》載，張弘範治軍極嚴，任順天路總管時，「蒙古軍所過肆暴，弘範杖遣之，入其境無敢犯者」。攻破台州時，「或請屠之，弘範但誅其首而已」。出師征粵前，弘範以自己是漢人，怕蒙古將士不服從指揮，胡亂殺戮，堅辭重任。忽必烈曾親賜錦

---

23 楊志玖：《元史三論》（北京市：人民出版社，1985年），頁143。

衣玉帶並寶劍，親諭：「不用令者，以此劍處之。」張弘範從至元十五年（1278 年）六月出師，次年二月即全廣平定，其中瓊州、高雷化州是招降的，廣州是不戰而陷的，惠、梅、循只發生小規模戰鬥，擒文天祥也只用了五百騎兵。大規模的戰鬥只發生在新會崖山，戰前，張弘範還曾三次派使者招降，不果，乃聚殲南宋殘部十餘萬人。張弘範還重用了大批宋降臣。如用文天祥弟文璧為戶部侍郎廣東總領兼知惠州。原來禮部侍郎鄧光薦，崖山戰敗赴海，「得元人救出之，弘範待以客禮」，命兒子張珪拜鄧為師。陳懿兄弟從征有功，懿授招討使兼潮州路軍比總管，其餘兄弟三人授管軍總管等。大家熟知，張弘範還十分欽佩文天祥才華和氣節，勸降不成，仍「待以賓禮」[24]。《元史》卷一百二十九〈李恒傳〉載，副帥李恒由江西陸路進軍廣東，一次便招降十四郡。留後總管塔出，「降附之初有謀畔者，既敗獲矣，塔出謂同僚曰：『撫治乖方之所致也，中間豈無註誤。』止誅其渠魁，盡釋餘黨」。《元史》上還說：「徵廣東，塔出宣佈恩信，所至溪峒納款，廣東遂平。」最後由張弘範、李恒、塔出平定廣東，總算是不幸之中的大幸了。當然，元兵在統一廣東的過程中屠殺仍是不可避免的，如張榮實屠韶州、棱都屠潮州等。

　　怎樣看待元朝用武力統一廣東的事情呢？首先，元朝用武力統一廣東，也就是最後統一了中國，這對當時的社會經濟起到了巨大的促進作用。自北宋建立以來，中國就沒有真正統一，契丹族、黨項族、女真族、蒙古族數百年來均與漢族的宋王朝為爭奪控制權發生了無數的戰爭，而中國的周邊地區如大理、吐蕃則處於分裂割據狀態。廣東最後一戰，中國才重新達到真正的統一。元朝的統一，這完全符合當時絕大多數中國境內各族人民的願望，也為當時元代人所反覆強調。

---

24 阮元：《廣東通志》卷一百八十六《前事略六》，頁3403。

崖山海戰之後，張弘範曾於崖山奇石勒石記功，隨從宣慰使同知白左作〈平崖山記〉，該記有云：「一戰肅清海外，自今始共用有生之樂，復見太平之盛，南北一家，震古未有。」其次，以今天的眼光來看，用武力統一廣東不符合真正的民族融合精神。但事實上，在整個中國古代社會裏就沒有所謂的「自願」、「真正」的民族融合，民族融合往往是在激烈的民族衝突、民族戰爭中完成，元朝的建立和統一就是中國歷史上又一次民族融合的高潮。

元朝統治者在統一廣東後，還十分注意不斷調整其民族政策，以鞏固對廣東的統治。

元初統治者是十分重視挑選和任用廣東官員的。《元史・選舉志》載，忽必烈曾規定：「若腹裏常調官員遷入兩廣、福建、溪洞州郡者例升二等，其餘州郡例升一等。」忽必烈又規定：「福建、兩廣官員，歷兩任滿者遷於接界，一任滿日曆江南，一任許入腹裏，遷轉留閩廣者聽。」由此，鼓勵優秀官員入粵，並破格提拔做出成績的治粵官員。筆者粗略翻檢了《元史》，其中立傳的優秀治粵官員便有合刺普華、烏古孫澤、王都中、陸垕，許有壬、范梈、卜天璋、郭昂等。囿於篇幅，在此就不一一評介了。

其次，元代統治者還允許部分廣東宋遺臣入仕。黃佐《廣州人物傳》卷十〈陳大震傳〉載，《南海志》作者陳大震，番禺人，南宋時曾知全州，與元兵對壘，宋帝入廣，又曾召為尚書、侍郎等職。「至元辛巳，有詔甄錄舊臣，宣授司農卿、廣東儒學提舉。」而陳大震還以宋遺民自居，拒絕上任，並在家中「立靈位以待死日」。常常在詩賦中露出緬懷南宋的感情，即便如此，元朝統治者也沒有深究。元代著名文人虞集也曾客居廣東，其祖、父均為宋臣，入元，徵召入京，官至國子監祭酒、奎章閣學士。[25]由此看來，元代廣東的民族歧視壓

25 魏源：《元史新編》卷三十九〈虞集傳〉，頁1659-1667。

迫也不及中原、江南地區嚴重，這恐怕是因為廣東偏隅地南、屯駐蒙古人太少、難以嚴密控制的原因。

元代廣東社會經濟恢復較快還得益於元初的賦稅減輕。《元史・食貨志》載：「元初，取民未有定制。及世祖立法，一本於寬」；「世稱元之治以至元、大德為首者」。又云：「前代告緡、借商、經總等制，元皆無之，亦可謂寬矣。其能兼有四海，傳及百年，有以也夫。」也就是說，元代對農民的剝削較宋代為輕。廣東的賦稅比中原還要稍寬。陳大震曾說，宋代廣東，「於田稅之外，又有夏役、秋役、茶錢、賞給之需；商稅之外，復有地基、河渡、銀場、經制之日，名件不一，民以為病」；而元代，「聖朝混一，首以寬民為第一義，凡宋無名之賦，一切蠲除之。廣為極邊，愈加優恤。惟種田納地稅，買賣納商稅，魚鹽舶貨之征，隨土所有，自此之外，秋毫不擾」。[26]可以相信，以陳大震的身份和經歷是不會有過譽之詞的。

元朝統治者還在廣東各地大興土木，重建各級學校，如廣州府學，宋元交替，「天兵下廣，重屯於學，毀拆殆盡，所存惟一大成殿」。入元，先後有宣慰使完顏正叔、副使呂恕、監司朵兒只、憲使卜天璋、憲使密蘭、經歷韓渙、憲使答哈、經歷範可仁等多次重建大修，使廣州府學「規模雄偉，甲於江廣兩道」[27]。此外，元朝統治者還重新修建了各路州縣學。

最後，值得一提的是元代行省制度也利於廣東周邊　落後地區的開發。元代行省範圍特廣，常為今兩三個省份的面積，且故意打破歷代均以天險劃分行政區域的習慣。對此，清代著名學者魏源曾有列論，魏源於《聖武紀》附錄卷十二〈武事餘略〉中說：「元代分省建

---

26 陳大震：《南海志》卷六〈稅賦〉，頁9-10。
27 陳大震：《南海志》卷九〈學校〉，頁59。

置，惟務侈闊，盡廢《禹貢》分州、唐宋分道之舊。合河南、河北為一，而黃河之險失；合江南、江北為一，而長江之險失……」魏源沒有提及廣東，其實江西、湖廣行省的劃分也注意到這一點。元代鑒於五嶺以南，易於滋生分裂割據勢力，將今廣東大部納入江西行省，將今雷州半島大部納入湖廣行省，同樣，五嶺之險盡失。元朝統治者的出發點是為了加強軍事控制，但客觀上卻有利於這些「天險」地區的開發。如江西行省，省會於隆興（今南昌），為確保對廣東道的有效控制，當時就十分注重對江西與廣東交界地區的開發。《元史・兵志・屯田》載：「成宗大德二年正月，以贛州路所轄信豐、會昌、龍南、安遠等處，賊人出沒，發寨兵及宋舊役弓手，與抄數漏籍人戶，立屯耕守，以鎮遏之。」廣東方面的屯田雖不及江西，但作用是相同的。《元史》卷九十九〈鎮戍〉中載，至元二十四年（1287年）十月，「詔以廣東係邊徼之地，山險人稀，兼江西、福建賊徒聚集，不時越境作亂，發江西行省忽都鐵木兒麾下軍五千人，往鎮守之」。至元二十八年（1291年），「廣東盜再起，劉國傑復出道州，繼又經劃，廣東江西盜所出入之地，南北三千里，置戍三十有八，分屯將士以守之」[28]。同樣，元代海北地區的屯田，既加強了對海南的控制及對占城、交趾保持一定的威懾作用，同時也促進了該地的經濟開發。

由於元代注重加強對全國的控制和交通驛站的建設，元代廣東的交通比以前也順暢多了。史載，由廣州到大都，遙距萬里，「然葉舟風遞，馹騎星馳，不十餘日可至，何其速也」[29]。廣東與中原、江南的聯繫也就更加緊密了。

---

28 阮元：《廣東通志》卷一百八十六《前事略六》，頁3409。
29 陳大震：《南海志》卷十《水馬站》，頁83。

明代廣東地區民族政策的演變與瑤區社會經濟的發展

　　明代廣東地區的少數民族主要有瑤族、苗族、佘族、壯族、回族等。其中，瑤族是廣東地區少數民族中主要的一種，為了突出重點，故選取瑤族為主體予以探討。

　　明代廣東是瑤民聚居的主要省份之一。據明末清初學者顧炎武《天下郡國利病書》載，明代廣東瑤民聚居的州縣共二十一個，它們分別是：清遠、從化、連州、新會、曲江、英德、高要、四會、新興、陽春、陽江、恩平、德慶、封開、開建、瀧水、化州、茂名、信宜、電白、靈山。聚居的瑤山共八百九十一座，其中，清遠「瑤山一百零六」，「瀧水瑤山六十」，「信宜瑤山四十一」，「陽春至瀧水瑤山六十有二」，「恩平瑤山二十」，「晉康瑤山七十有九」，「都城瑤山二十有八」，「新興至德慶瑤山二十有八」，「德慶金林鄉瑤山三十七」，「新興至瀧水瑤山十」。[30]足見明代瑤區主要分為三大片：首先以今羅定為中心，包括雲浮、郁南、封開、德慶、陽春、信宜、高州諸市縣為第一大聚居點；其次以今清遠為中心，包括英德、連山、乳源、懷集諸市縣為第二大聚居點；而以今恩平為中心，包括新會、陽江、臺山、開平諸市縣為第三大聚居點。而今人李默撰文〈明代廣東瑤族的分佈〉，指出顧炎武所列並不完全，明代廣東瑤民分佈除上述州縣外，尚有南海、番禺、東莞、新安、增城、龍門、香山、新寧、連山、陽山、樂昌、乳源、翁源、歸善、博羅、永安、海豐、龍川、長樂、興寧、河源、高明、廣寧、東安、西寧、石城、海康、遂溪、合浦、欽

---

30 顧炎武：《天下郡國利病書》，原編第二十九冊《廣東下》。

州、文昌、海陽、澄海、饒平、程鄉，並附有考證。[31]合計二人所列，明代廣東瑤民分佈的州縣達五十六個。

明代廣東瑤史研究又是一個相當重要的命題。就全國範圍來講，在明中期的百餘年歷史中，廣東瑤民起事的記載不絕於史，其激烈程度引起了明朝統治者的高度重視，為此率先在嶺南開設了兩廣總督府，統籌兩廣的軍政要務，以鞏固祖國的南疆邊陲。[32]並率先在廣東基本上完成了「改土歸流」。雖說「改土歸流」盛於清朝，但實始於明朝，廣東「改土歸流」的成功對清代影響深遠巨大。就廣東一省而論，明代廣東仍處於漢族與瑤族和各少數民族的磨合時期，在明代這個磨合階段，既有血與火，也有和平與發展，但終於完成了；明代以後，廣東才真正融合到華夏文化圈，走上全面發展的道路。但是，過去對明代廣東瑤民為什麼起事、起事屬於什麼性質、後來為什麼又能平息下來等一系列問題都沒有認真地研究。解放以前的舊史家，把明代廣東瑤民起事統統說成是「瑤亂」、「叛逆」，把統治者的征討說成是「平叛」、「為民請命」；解放後的情形則恰恰相反，對明朝統治者的民族政策不加分析，一律否定，武力鎮壓當然是反動的，而「改土歸流」，注重發展瑤區社會經濟也是為了加強控制、加強民族壓迫就更反動。事實上，這兩種做法都帶有片面性。今天，我們應該客觀地看待這個問題，明朝統治者既有殘暴壓迫少數民族的一面，也有注重對廣東瑤區社會經濟開發的一面，總結並探討後者的歷史經驗，評論其得失，對促進民族融合和少數民族地區社會經濟發展是有積極意義的。

---

31 李默：《明代廣東瑤族的分佈》，載於《民族研究》1983年第4期。

32 參見關文發、顏廣文：《明代政治制度研究》（北京市：中國社會科學出版社，1995年），頁75-77。

一　明代廣東地區民族政策的演變

　　明朝統治者對廣東地區的民族政策大體經歷了三個階段：一是「撫」；二是「剿」；三是注重民族地區社會經濟的開發。

　　「撫」是指明初統治者採用了以土官制度為核心的民族政策。《明史・土司傳》雖沒有單列廣東實施土司制度的記錄，只是將海南島土司併入〈廣西土司傳〉，但事實上，明初廣東確曾存在土官制度。明初廣東土官，依民族名稱，分別稱為「瑤首」、「瑤頭」、「瑤老」、「佘長」、「黎山峒首」等，也有封冊為土官知州以下諸職。土官世襲統治著轄下的少數民族人民，作為對明王朝的臣服，土官的襲替必須接受朝廷的冊封，並定期嚮明王朝進貢方物。

　　明初以「撫」為主的民族政策是相當成功的。據筆者檢索《明實錄》，自永樂四年（1406 年）第一次的廣東土官首領進京朝貢，到正統十三年（1448 年）廣東黃蕭養領導的農民起義前夕，短短的四十二年間，廣東各族土官首領進京朝覲竟達五十二次，其中永樂十八年（1420 年）隨電白瑤首黃滿山進京人數竟達六十人之多，為歷朝所罕見。

　　明代廣東瑤民起事，與封建國家政權發生激烈衝突是以黃蕭養農民起義為起端的。據《明經世文編》卷二十二《邊情事》載，明代第一任兩廣總督王翺云：「兩廣軍民，自洪武以來，一向安妥，後因黃蕭養之徒作耗，在於有司者不設法處置，惟務妥安，兵政無備，以致招募無籍，釀成凶禍，輾轉不能禁遏。」此後，廣東瑤民起事便連綿不斷。另據《廣東少數民族》一書統計：「從正德元年（1506 年）至萬曆十一年（1583 年）間，瑤族人民的起義就多達三十餘次，平均

二三年就有一次。」[33]

　　為什麼黃蕭養起義會觸發廣東瑤民起事呢？王翱於《邊情事》中曾分析道：「推其緣故，皆由彼處統馭之將非。」駐守廣東的官員，「德不足以綏懷，威不足以懾服，甚至欺其遠方無告，掊尅殘忍，使不得安其身」，以致官逼民反。至於如何「掊尅殘忍」，王翱並沒有細述。

　　綜觀明代廣東瑤民起事的原因，是由於封建官吏的非正常盤剝造成的。其實，明政府對廣東瑤民徵收的額定賦稅並不算重。廣東學者屈大均於《廣東新語》卷七〈瑤人〉中也說過：「雖設有瑤官，狼目以主之，然薄稅輕絲，示以羈縻而已。」實際上也正如此，據以瑤民聚居的陽春縣為例，萬曆四年（1576 年），全縣僅秋糧一項便達八千四百六十三石四斗四升，而全年瑤民稅額才四百三十二石三斗。足見，明代廣東瑤民稅額甚輕當是事實。非正常的盤剝，首先，體現在各級官吏的多方索賄。瑤族土官在襲替過程中要由自州縣到省層層上報，在中央則要經司禮監、兵部、禮部、通政司等諸衙門的安排引見皇帝，若其中任何一環故意刁難，襲替冊封便難以完成。據黃佐《廣東通志》卷六十七〈外志四〉載，瑤民「其作亂始自正統間」，原因就是鎮守廣東的太監阮能和兵部尚書陳汝言勾結，「百端剝削，襲蔭必須厚賂」，「於是，盜寇四起」。到了嘉靖年間，由於各級官吏的壓扣，「不與給勘」，「有十餘年不得襲者」。其次，明朝統治者又在通往瑤區的道路上遍設關卡，重兵把守，禁絕商人將生活必需品運往瑤區，尤其是食鹽，以致瑤區鹽價飛漲。如高州的小函谷關、廉江的石城、恩平的恩平堡、三水的胥江巡檢司就是明代通往瑤區的重要關卡。據《明經世文編》卷七十三載，成化元年（1465 年），廣東籍官

---

33 廣東少數民族編寫組：《廣東少數民族》（廣州市：廣東人民出版社，1982年），頁53。

員、翰林侍講學士丘濬向皇帝獻〈馭夷狄議〉，提出：「凡軍民人等有入山峒生理，許其赴官告知，印帖為照」，「無帖者不許，責令供給，不敢將帶違禁器物，惟許取其米穀、牲口、土物，不許受其銀兩及其地所不產之物，違者枷號示眾，沒入其財物，親屬鄰保知情不首罪同，有首告者給以其財物三分之一」。憲宗閱後，轉批兩廣總督韓雍，責令執行。丘濬正是以此惡毒計策出名，迅速步入統治集團核心的。韓雍對推行丘策可謂不遺餘力。據劉堯誨《蒼梧總督軍門志》卷二〈制敕〉載，韓雍接報，立出榜文，其榜云：「兩廣軍民人等，多有販魚鹽等物進入瑤峒買賣，因而走漏消息，深為未便，爾須出榜嚴加禁約，違者處以死罪。」食鹽為生活必需品，為奪取食鹽，瑤民不得不攻打通往鹽區的關隘，或攻打州縣，以獲取食鹽。

　　明朝統治者的濫殺無辜對瑤民起事起到了推波助瀾的作用。初期，面對著風起雲湧般的瑤民起事，明朝統治者只是簡單地採用了殘酷鎮壓的手段。於是，官軍一入瑤區便濫殺以邀功。據劉堯誨《蒼梧總督軍門志》卷二〈制敕〉載，連成化年間的憲宗皇帝也曾說：「往者，右僉都御史葉盛、贊理都督顏彪軍務，乃將順從之人殺取為功，虛張捷報，以致賊益猖獗。」但憲宗又說：「事在敕前，朕不追究。」以致濫殺的行為得不到制止。對此，丘濬於《明經世文編》卷七十六〈兩廣事宜〉中曾說：「兩廣之人，眾口一詞，皆不願再調官軍，其故何哉？蓋懲前日官軍之害，尤甚於賊。」嘉靖年間，安徽人葉權曾目睹了官軍的殘暴行徑，在《賢博編》附〈遊嶺南記〉中說：「外江兵至此，婦女逸去，幸不辱，雞犬盡矣。蠻來吾先知之，走堡；兵來吾不知，甚於蠻也。」於是，漢人、壯人、平民紛紛加入到瑤民起事行列，瑤民起事越演越烈。

　　在瑤民起事中，漢人往往起到嚮導和謀劃的作用。據〔康熙〕《陽春縣志》卷十八〈瑤人〉載：「粵東之蠻，端州為甚，端州又以

陽春為最，陽春枕界東西兩山之中，巢叢穴谷，習性粗悍。又有一種
亡賴之徒，或窘於生理，或苦於誅求，狡焉呈其狼虎之威，往往浪入
巢穴，藉瑤以棲身，瑤亦資浪賊之識道以為之嚮導，根連朋濟，狼狽
為奸。」「浪賊」就是漢人。壯人在瑤民起事中的作用也不小。張居
正於《張太岳集》卷二十四〈答兩廣殷總督〉中曾分析說：「今日之
為亂者，蓋狼賊，非瑤賊也。」「狼賊」即壯人。張居正還說，戰爭
中，瑤民拼死抵抗，故易於殲滅，而漢人則假言被挾迫入夥，兵來則
降，兵撤復叛。壯人也有在瑤民起事中當上頭領的。如懷集起事瑤民
中，頭領嚴秀珠就不是瑤人，「壯人也」[34]。可見，明代廣東瑤民起事
實際上是以瑤族為主體，包括漢族及各少數民族聯合反對明朝統治者
殘暴壓迫的鬥爭。

瑤、漢、壯諸民族聯合起事後，聲勢更加浩大，粵西瑤區漸漸成
為起事中心。粵西瑤民有諺曰：「官有萬兵，我有萬山；兵來我去，
兵去我還。」據張居正《張太岳集》卷三十一〈答兩廣劉凝齋言賊情
軍情民情〉載，對此，明朝統治者束手無策，哀歎：「朝廷已無廣
東」；「嶺表非我版圖矣」。

嚴酷的事實迫使明朝統治者認識到，單靠武力鎮壓絕不能把各族
聯合起事鎮壓下去，必須改變原來的民族政策，改武力鎮壓政策為武
力鎮壓和加快發展廣東瑤區社會經濟並用的策略，並最終確立以發展
經濟為主，輔以「改土歸流」的民族政策。政策的轉變是由隆慶年間
兩廣總督殷正茂提出的，而政策的真正決策者則是萬里之外的名臣、
萬曆年間內閣首輔張居正。隆慶六年（1572 年），殷正茂提出：「嶺
海兵機，議事者主剿，黜為事者。則權宜於撫剿之間。」《明實錄‧

---

34 汪森：《粵西叢載》卷三十〈懷集嚴秀珠諸瑤〉，收錄於《筆記小說大觀》第九冊，
　　頁316。

神宗實錄》卷二〈隆慶六年十二月癸丑〉條。即不單是以剿來對付瑤民起事，而更重要的是以撫、以發展瑤區經濟來平息瑤民起事。但是，殷正茂的建議因大大地損害了腐朽官員的利益而遭到他們的激烈反對。作為腐朽官員，在廣東征剿實有利可圖之事，他們並不希望廣東瑤事得到平息。關於這一點，張居正不愧是洞悉利害的政治家。他於《張太岳集》卷二十五〈與殷石汀論吏治〉中分析說：廣東瑤事，「非南倭北虜以血戰而得之」，統治者實際上只是在濫殺手無寸鐵的平民為主而已，此其一；其二，沒有戰事，官軍則只有「株守窮荒，升斗之粟，不足以糊口」，只有挑起事端，製造矛盾，才能「有擄獲之利，功成有升賞之榮」。於是，張居正及時給殷正茂回信，指出：「廣事之壞，已非一日，今欲振之，必寬文法，假便宜乃可。」並說：「近來議者紛然，朝廷既以閫外托公，任公自擇便宜行之，期於地方安寧而已，雖彈章盈公車，終不為搖也。」正是張居正強有力的表態，才使得政策的轉變得以順利進行。據張居正《張太岳集》卷二十九〈答兩廣淩洋山〉載，萬曆四年（1576 年），淩雲翼接殷正茂出任兩廣總督，淩雲翼在羅旁之役後，向張居正報捷，張居正馬上給淩雲翼覆函指出，戰事已告一段落，「宜乘此勢，多方招徠，開其生路，隨宜處置，務絕後患，則一勞永逸之策也」。張居正還採納了淩雲翼幾乎所有的開發瑤區經濟的建議，調撥了足夠的財力物力，並督促中央各部大力支持。萬曆七年（1579 年），劉堯誨出任兩廣總督，張居正再次致書劉堯誨，提出了「闢除草萊」、「開通徑路」、「遷以衣冠之族」的開發瑤區三條建議（疏見劉堯誨《蒼梧總督軍門志》卷二十六），劉堯誨也較好地貫徹了這一意圖。隆慶萬曆年間，經殷正茂、淩雲翼、劉堯誨三位兩廣總督的大力經營，廣東瑤區進入社會經濟開發的高潮期。

二　明代廣東瑤區的社會經濟開發

　　要開發當時仍處於較為落後的瑤區，首要條件就是要完善瑤區的地方政權建設。據劉堯誨《蒼梧總督軍門志》卷二十一〈討罪五〉載，粵西瑤民聚居的羅旁地區，「東界新興，南連陽春，西抵鬱林、岑溪，北盡長江與肇慶、德慶、封川、梧州僅界一水，延袤千里，萬山聯絡，皆瑤人盤踞」。萬曆以前，這裏僅設瀧水一縣，隸肇慶府，事實上就成為明政府鞭長莫及、難以有效控制的地區。嘉靖、隆慶、萬曆年間，明政府在這裏均發動了十萬軍隊以上的征剿，其中萬曆四年（1576 年）的軍事行動達二十萬軍隊。戰事剛結束，兩廣總督淩雲翼便馬上上〈奉命大徵功已垂成並預計善後之圖以保久安疏〉（疏見劉堯誨《蒼梧總督軍門志》卷二十六），對羅旁地區進行了政權建設的總體規劃。該疏的核心：一是徹底廢除土官制度。二是建設「一州兩縣四所」。其中，一州就是把原隸肇慶府的瀧水縣升為羅定省轄州，直接歸布政司指揮，羅定即得名於平定羅旁瑤亂；兩縣就是新設西寧和東安兩縣，析羅定以西以北直到西江邊為西寧縣（今郁南縣），析羅定以東以南，益以新興、陽春部分地區為東安縣（今雲浮市），統歸羅定州管轄；四所即新設四千戶所，即：羅鏡所（今羅定市羅鏡鎮）、南鄉所（今雲浮市富霖鎮）、封門所（今郁南縣通門鎮）、函口所（今羅定市分界鎮），四千戶所均為羅定通往廣西岑溪與廣東陽春、信宜、肇慶四條主要道路的關隘，四要塞的設立確保了整個羅定地區的交通暢通。淩雲翼此疏馬上得到了明廷的同意，並大體於萬曆五年（1577 年）到萬曆六年（1578 年）間得到實施。

　　此外，明政府於弘治十一年（1498 年）設新寧縣（今臺山市），成化十四年（1478 年）設恩平縣，嘉靖三十六年（1557 年）設廣寧縣，萬曆十六年（1588 年）設開平縣。

　　怎樣看待明政府對瑤區進行「改土歸流」並不斷增設州縣的做法？其實，作為一個主權完整的國家政權對其境內少數民族聚居區建立行政機構，完全必要，也有這種權力。在瑤區新設州縣，不僅可以加強控制，客觀上也有利於對瑤區的開發建設。歷史事實表明，這些新設的州縣城區往往就是該地區新興的政治、經濟、文化中心以及該地區的交通樞紐，從而帶動起整個地區社會經濟的發展。

　　瑤區地方政權建立起來以後，要加強對瑤區的控制和開發，還有賴於信息傳遞和交通的暢通。萬曆年間，兩廣總督淩雲翼曾在粵西建立起以羅定為中樞的粵西新驛道。其驛道驛站分設如下：移德慶壽康驛至瀧水入西江口之南江口（今郁南縣南江口鎮），仍名壽康驛；新設晉康驛（今郁南縣連灘鎮）；原有瀧水驛（今羅定市城區內）；自羅定南行約七十里，新設溝驛（今羅定市太平鎮，，羅定土音「朗」）；南行八十里，新設平豆驛（今信宜縣合水鎮）；南行八十里，新設掘岣驛（今高州市馬貴鎮）；南行一百里，新設大陵驛（今茂名市）；南行一百二十里，即接上原肇慶至高州驛道中的古潘驛。新驛道的開通意義巨大：第一，縮短了自廣州至高雷地區的陸路驛程。原驛道，「自廣東省城水路至新會縣之蜆岡驛登陸計，至高州八站，若改由瀧水，自省城水路直抵瀧城，登陸至高州只五站，較量道里既為稍近」。第二，確保了對上述地區的有效控制。驛道開通以前，「自瀧水之南，抵高州府四百餘里，舊皆賊巢盤踞，今須改設驛道，庶幾木拔道通」。第三，有利經濟開發向瑤區縱深發展。驛道開通以前，粵西經濟開發局限於沿海地區，驛道的開通，使粵西的開發發展　到與廣西相鄰的群山之中。據劉堯誨《蒼梧總督軍門志》卷二十六淩雲翼〈奉命大徵功已垂成並預計善後之圖以保久安疏〉載，明清驛道，不僅僅用於官道，也常常為商人利用，新驛的開通，「不惟血脈弗滯，

而貨財往來，元氣更易充實」；「自此，豺狼荊棘之區，可化而為蕩蕩平平之域」。

萬曆十六年（1588 年），羅定兵備道陳文衡又依實際需要對驛道作了局部調整。因「中路平豆地方崎嶇難行，尋徙於函口（今羅定分界鎮）」，「崛峒驛，尋徙於懷鄉（今信宜懷鄉鎮），名皆仍」。據《羅定州志》卷二〈署〉和卷八〈類編〉載，陳文衡修驛，「露冕冒瘴霧，遍歷林菁，率所部於諸縣所，達州之路，刊木造梁，以成通衢」。陳文衡還「濬瀧江、大泽之水通商旅」。

陳璘也曾著力於修路。據《信宜縣志》卷一〈山川〉載：「雲黑嶺，上有馬路，相傳為陳太保所開。」陳璘，廣東翁源人，《明史》中立傳。路應是陳璘於萬曆年間任高州參將時修。路通財通，粵西瑤區開始走上開發之路。

經濟開發當然少不了興修水利。據屈大均《廣東新語》卷四載：「陶三廣公，嘗從高州開一河，直達肇慶。」陶三廣公即嘉靖年間廣東按察副使陶魯，陶魯原籍廣西，曾官任湖廣、廣東、廣西，故稱三廣公。陶魯是意圖打通新興江與漠陽江的壯舉。此舉三利：其一，開河使「四郡皆為沃壤，寇盜不治自弭」；其二，「高廉積滯之粟由河運至廣州」；其三，徹底解決西江河段的水利問題，免除洪汛期對肇慶、廣州的威脅。屈大均還說：「守土大臣欲興水利，其以此地為先。」這個建議，實足以令今廣東省領導參考。此舉由於當時技術水準所限，遇巨石而廢，功虧一簣。不過，清初時，「新興河頭，有渠形在林阜中，可以疏鑿，使水南行三十里許，直接陽春黃泥灣，以通高、雷、廉」。

據屈大均《廣東新語》卷四〈開河〉載，明末粵西瑤區興修的水利工程還有：鑿那龍河以溝通恩平至新會蜆岡，在陽江鑿綿陽湧以達麻濠湧，鑿南津港以達豐頭港，但到了清代又大多淤廢。

　　招募流民，墾殖荒地，發展農業生產，是明代開發廣東瑤區社會經濟的核心內容。明嘉靖年間，廣東南海人霍韜就曾提出，單靠征剿是難以平息瑤民起事的，要徵召「平民自備斧斤隨大兵之後，凡賊巢林木聽斬伐焉」，並於險曠之處「立屯兵屯其地」。據劉堯誨《蒼梧總督軍門志》卷二十九〈廣東郡縣〉載，嘉靖四十二年（1563 年），兩廣總督吳桂芳下令盡伐羅旁地區沿江林木，並於沿江地區墾田屯兵，「且耕且守，歲約用銀二萬有奇」。羅定建州以後，明政府又規定：「今四方之民告給田耕種者紛紛日至，通候事定，委官丈量明白，計畝授民，許以三年之後，方議升科。」這是以授田並免稅三年的優惠政策來吸引漢人進入瑤區。這一辦法是相當有效的。劉堯誨任兩廣總督期間，便「度田五萬八千四百七十畝，招徠流移二千四百二十四人，費銀一萬一千六百數」。據〔民國〕《羅定州志》卷一〈風俗〉載，羅定，「萬曆未開州以前，其土著與瑤壯雜處，自開州以後，四方來占籍者日眾」；「三都雙脈、石步二村為新興人；路話、新塘等九村為翁源、英德人；城市商場多為廣州人。各操鄉音，初甚龐雜，日久相化成為方言」，「與珠江流域大率相同」。「日久相化成為方言，與珠江流域大率相同」就是民族融合的最好見證。這個融合，不是靠武力征服，而是通過發展社會經濟較和平地實現。這種方式，我們是應該加以充分肯定的。

　　實踐中，不少派駐瑤區的地方官員都曾努力開展這項工作。據《嘉慶一統志》卷四百五十七〈羅定州〉載，弘治二年（1489 年），瀧水知縣翟觀，「建五十九寨，置東西兩營，墾田九百頃，鑿水圳四十八所」。萬曆五年（1577 年），東安知縣蕭元岡，「築城立社，墾田編裏，備極周詳」。萬曆五年（1577 年），西寧知縣朱寬，「上下川原，身經險阻，擘畫精詳，升戶部主事，未去以瘴卒」。萬曆十四年（1586 年），西寧知縣林致禮，「築圮城，鑿山通圳，繞廓東西數十

里，緣畎導流，灌田數百餘頃。開西山等處林莽以成周行」。短期之內，羅定一州兩縣能有多位賢宦主持開發大政，才使廣東瑤區的開發達到歷史上的最高潮。

隨著漢人大量進入瑤區，也帶來了先進的農業生產技術。明後期，廣東瑤民進入定居及犁耕牛耕階段。據《嘉慶一統志》卷四百四十九〈高州府〉載，化州西北有地名「佘禾嶺」，「周十餘里，瑤人以此為佘種禾，故名」。屈大均《廣東新語》卷十四〈谷〉中指出，瑤民還習慣以豆為主食，「瑤豆絕大而甘，舉家力作，猶可給其谷豆也」。到了明末清初，「東安縣瑤人，其服食耕種與齊民無異，惟頭飾及語言不同」[35]。《陽春縣志》卷首〈凡例〉中云，陽春瑤民「久已衰微，其瑤田瑤山皆化為民居」。這當然也是經濟開發的結果。

隨著社會經濟的發展，瑤民商品交易意識日漸增加。「增城瑤人，貯茶以售於市」；「曲江瑤人，能作竹木器具負趁墟以易鹽米」；「樂昌瑤人，亦常負物入市」；「連州瑤人，時以山界入市」；「新寧大隆峒瑤人，言語服飾漸與內地習染同」[36]。此類記載，常見於明末清初諸史，在此不一一詳列。而萬曆年間，德慶瑤山，僅南漆一項，便每年售數萬擔，還有砂仁、蠟蜜、竹木等在市場上進行交易。[37]

明朝統治者還曾在瑤區內發展文化教育，向瑤民灌輸儒家倫理思想。《明史》卷一百六十五〈陶魯傳〉中載，陶魯常說：「治寇賊，化之為先，所到之處，率建縣學以興教化」。陶魯新建或復辦的縣學有從化、陽江、恩平、電白、新寧、白水等。另據《羅定州志》卷八〈類編〉中載，在羅定，還「立社學以教瑤童」。此舉是深受瑤民歡迎的，有些地方，建學之時，「瑤壯運木以相資」。

---

35 阮元：《廣東通志》卷三百三十〈嶺蠻〉，頁5637。

36 同上書，頁5636。

37 顧炎武：《天下郡國利病書》，原編第二十九冊《廣東下》。

　　從明朝統治者對廣東民族政策轉變的經歷來看，這是廣東瑤民及各族人民通過武裝起事、不屈不撓反抗鬥爭的結果。在轉變過程中，明朝統治者始終是處於被動狀態的。

　　但是，明朝統治者民族政策的轉變又是值得肯定的事情。儘管明朝統治者在開發過程中仍出現過這樣或那樣有損於瑤民利益的問題，但採用經濟開發來加快民族的同化和融合畢竟比採用武力征服的做法優越多了，也漸漸為瑤民所接受。通過經濟開發、商品貿易、興辦教育以及與漢人通婚，瑤民開始加快了與漢人的融合，漸漸變為封建國家下的「編戶齊民」；同時，也使明代廣東的社會經濟開發從沿海地區，向粵西、粵北廣大山區發展，並最終深入到瑤山的中心地帶。從明代廣東瑤區社會經濟開發的效果來看，明朝以前的歷代王朝均把廣東視為蠻夷峒溪之地，在少數民族地區普遍實行「以蠻治蠻」的土官制度，中央政府對廣東的控制是很有限的，也較容易形成分裂割據勢力，從秦漢的南越國、五代十國的南漢國到元末何真的地方割據均有力地證明了這一點。經過明代的「改土歸流」和經濟開發，廣東基本上取消了土官制度，最終融合到華夏社會文化圈中。

　　「改土歸流」對廣東各少數民族人民來講是好事而不是壞事。在土官經濟下，少數民族人民的生活是很悲慘的，這在瑤民的歌謠中有普遍反映，其中〈瑤王亞六歌〉正反映了瑤民受瑤首力役剝削的情況。歌詞中說：「三月三，三朝犁破四朝田，三百牛牯來使種，牯牛犁破是官田」；「十月霜，百般蟻子入泥藏，百般蟻子泥藏盡，官前赤腳踏寒霜」；「十二月，官前門外收年糧，收入得年糧三百石，官前細女能來良」。[38]正是瑤民所受瑤首的壓榨甚於官府，瑤民才會願意成朝廷的「編戶齊民」，才使土官制度喪失存在的社會基礎。

---

38 轉引自徐松石《民族學研究著作五種》上冊（廣州市：廣東人民出版社，1995年），頁143。

明政府允許葡人租借澳門的原因

　　明朝嘉靖年間，西方殖民者葡萄牙人藉口貨船觸礁入水，需上岸晾曬貨物，經過賄賂廣東官員，強佔了澳門一地。在很短的時間內，葡人在澳門的勢力大增，成為葡國及歐洲諸國殖民者在遠東擴張的據點。嘉靖四十二年（1563年）粵籍官員副都御史龐尚鵬在其奏疏〈題為陳末議以保海隅萬世治安事〉中描述：「近數年來，始入濠鏡，築室以便交易，不逾年，多至數百區，今殆千區以上，日與華人相接濟，歲規厚利，所獲不貲。故舉國而來，負老攜幼，更相接踵，今築室又不知幾許，而夷眾殆萬人矣。」葡人在澳門的迅速發展引起了明朝統治者的高度重視，先後有一批官紳上奏朝廷，分別提出處置澳門問題的不同意見。其中，較有代表性的有副都御史龐尚鵬、福建巡撫徐學聚、刑科給事中郭尚賓、總兵官俞大猷、番禺舉人盧廷龍、御史霍與瑕、廣東巡按田生金、兩廣總督張鳴岡等人。他們「有謂必盡驅逐，須以大兵臨之，以弭外憂；有謂濠鏡內地，不容盤踞，令移出浪白外洋，就船貿易，以消內患」。據沈德符《萬曆野獲編》卷三十〈香山〉載，萬曆四十二年（1614年），「廟堂斷而行之」，最終採納了兩廣總督張鳴岡「惟倭去而夷留」的意見，正式承認葡人租借澳門的事實，並終明不變。萬曆四十二年（1614年）就成為明政府正式允許葡人租借澳門的準確年代。

　　明政府為什麼會允許葡人租借澳門呢？歷史上主要存在著「葡人協助中國政府驅逐海盜得澳門酬勞」說和「經濟動因」說兩種。而筆者認為，以上兩種說法均存在合理的成分但又有明顯的缺陷，明政府允許葡人租借澳門事件存在著更深層次和更主要的原因。這就是：明政府允許葡人租借澳門符合了明王朝長期以來對外關係的根本原則，是明政府推行「以夷制夷」、「以夷制盜」政策的需要，也是當時中葡

力量經過交鋒勢力大致均衡的結果。同時，葡人卑謙的態度迎合了明朝統治者虛妄自大心理，對租澳起了重要促進作用。總之，明政府進行決策時考慮政治、軍事的因素高於其它因素。

一　兩種成說的合理成分及缺陷

（一）關於「葡人協助中國政府驅逐海盜得澳門酬勞」說

追溯此說的起源，最早可見於明末葡萄牙耶穌會士曾德昭在新德里出版的《中國及其鄰近地方傳教志》。曾德昭在該書中說：「澳門地小多石，易於防守，極適宜為盜賊淵藪。當時有許多盜賊麕聚其間，劫掠附近島嶼。中國人商討除害的方法。或者由於膽怯，或者為著冒較小的危險並且犧牲別人以達目的，他們知道葡萄牙人的勇敢，把這件事委諸葡萄牙人，並且答應：假如能把盜賊趕走，則把澳門給葡人居住。葡人以非常愉快的心情接受這種條件：人數雖然遠比盜賊為少，但嫺於戰術，他們整頓隊伍，攻擊盜賊，自己方面不損一人，而殺敵致果，立刻取勝於戰場和這個海島上。於是興工建築房舍，每人選擇其自己最喜歡的地區。」[39] 1784 年，葡萄牙殖民地事務大臣瑪律廷將其寫入備忘錄中。[40] 此後，又為許多西方官方及民間所謂的「漢學家」所強調，並流傳至今。近代也有中國人附和此說的，如龔柴在《中國海島考略》一書中說：「澳門，舊屬香山縣，明季為葡萄牙國人通商海口，後有大盜張四老盤踞其地，勢甚猖獗，葡人整師擊，群

---

39 轉引自戴裔煊：〈關於澳門歷史上所謂趕走海盜問題〉，載《中山大學學報》1957年第3期。

40 張天澤：《中葡早期通商史》（香港：香港中華書局，1988年），頁105。下引該書同此版本，不再另注。

盜以平，事聞於朝，即以此島讓其建城居住至今。」[41]

　　到底有沒有葡人協助中國政府驅逐澳門海盜一事呢？目前學術界大多數意見是：驅逐澳門張四老海盜之類純屬編造故事，但葡人協助中國政府對付其它海盜則確有其事。一次是發生在嘉靖二十六年（1547 年）左右，地點在浙江雙嶼附近，剿滅的是海盜林剪。事後，福建同安人林希元在〈與翁見愚別駕書〉中說：「林剪橫行海上，官府不能治，彼則為我除之，二十年海盜，一日而盡，據此則佛郎機未嘗為盜，且為我禦盜；未嘗害吾民，且有利於吾民也。」[42]下引該書同此版本，不再另注。另一次是發生在嘉靖四十三年（1564 年），粵東柘林兵變，進圍廣州，總兵官俞大猷曾派人聯繫澳門葡人夾擊叛兵。另據俞大猷《正氣堂集》卷十五〈集兵船以攻叛兵書〉載，當時，「香山澳船，猷取其舊熟，用林宏仲者數船，功成重賞其夷目。貢事已明諭其決不許。猷候制出各號帶，即差人分發澳船，並南頭船、白石船，尅日齊至合攻」，遂將柘林叛兵鎮壓下去。事後，兩廣總督吳桂芳還向澳門葡人頒發了獎狀。此事還可見於粵籍官員給事中陳吾德《謝山存稿》卷一〈平倭凱旋序〉。在萬曆年間，兩廣總督劉堯誨還曾聯合居澳葡人夾擊海盜林道乾，「是時，香山澳人吳章、佛郎機人沉馬囉及船主囉鳴沖哎呎呶、通事蔡興全等二十餘人，並踵制府，上謁謂自治裝往擊乾，於是，制置使進暹羅使者，庭中問狀，因賞賜銀牌，花彩緞如禮，與我師並擊，如令」[43]。

　　葡人雖曾協助明政府對付海盜，但由此而獲得中國政府同意其租借澳門作為酬勞的說法卻一直為學術界質疑。早在一八三二年，瑞典

---

41 龔柴：《中國海島考略》，收錄於《小方壺齋輿地叢鈔》第九帙，頁342。

42 轉引自周景濂：《中葡外交史》（北京市：商務印書館，1936年），頁63。

43 瞿九思：《萬曆武功錄》卷五〈林道乾、林鳳列傳〉（北京市：中華書局，1962年），頁283。

人龍思泰就在《早期澳門史》中指出，曾德昭的觀點是站不住腳的，因為「那裏的海盜直至一五六三年才被打敗，其時葡萄人佔據澳門已有六年」。龍思泰在另一處還說：「商人們完全意識到，他們得以在澳門居留，既不是由於葡萄牙武力征服的結果，也不是對他們效勞的酬勞，即葡萄牙人在剿滅強悍的海盜的過程中提供通力合作所作的回報。因此，他們信守兩個原則，一是與當時的政府保持良好的關係；二是盡可能地發展他們與中國的獨佔貿易。」[44]一九三四年張天澤在《中葡早期通商史》中說：「葡萄牙大臣這種武斷的說法儘管頗為有趣，卻犯了年代倒置的錯誤。這表明他根本沒有或者不願意承認其同胞在他們定居澳門期間的態度行為。他的記述為我們描繪出一幅後來一個時期歐洲人的圖畫，而全然不是那些在其被逐出三十年後重返廣東的葡萄牙人的圖畫。」[45]大約同時期的日本學者藤田豐八也曾說：「葡人之居住澳門，早在助中國剿滅海盜之先，不得謂始於剿滅海賊時也。大概葡人之居住澳門，得廣東官憲之承認，則開端於剿滅海賊時。綏麻陀將廣東官憲承認葡人居住澳門之事實，與葡人佔據澳門之由來，並為一談，似未免因果倒置矣。」[46]

「葡人協助中國政府驅逐海盜得澳門酬勞」說還遭到中國學者的嚴厲批判。一九五七年中山大學戴裔煊教授發表〈關於澳門歷史上所謂趕海盜問題〉該文見《中山大學學報》一九五七年第三期。長篇論文，正面批判了「驅逐海盜得澳門酬勞」的說法。進入二十世紀八〇年代，研究澳門歷史成為熱點，明政府為什麼允許葡人租借澳門更是不可迴避的重大問題。有論者云：「中國學者一般都不同意葡萄牙人

---

44 〔瑞〕龍思泰撰，吳義雄等譯：《早期澳門史》（臺北市：東方出版社，1997年），頁16、57。
45 張天澤：《中葡早期通商史》，頁105-106。
46 轉引自周景濂：《中葡外交史》，頁65。

驅逐海盜而得澳門的說法，認為在中國史料中找不到根據。《葡萄牙
侵佔澳門史料》的編者介子認為這一說法完全是葡萄牙殖民者的無恥
捏造。黃鴻釗在《澳門史綱要》中專門駁斥『葡人驅盜得澳』的種種
謬說，指出澳門沒有海盜淵藪的記載。《澳門四百年》的作者費成康也
不同意葡萄牙人驅逐濠鏡海盜，在那裏建立『殖民地』的說法。」[47]
1995 年中山大學黃啟臣教授在《澳門歷史》一書中也專門批判了
「葡人驅逐海盜得澳門酬勞」說。[48]

筆者認為，「葡人協助中國政府驅逐海盜得澳門酬勞」說的贊成
者和反對者都存在偏頗之處。作為贊成者，所犯的第一個錯誤是顛倒
了時間，把葡人初次進入澳門及明萬曆四十二年（1614 年）正式允
許葡人租借澳門混為一談。葡人初次進入澳門靠的是賄賂廣東官員，
與協助明政府驅逐海盜無關。贊成者所犯的第二個錯誤是誇大了其間
的作用，從而歪曲了歷史事實。而反對者完全否定葡人協助中國政府
剿滅海盜與租借澳門之間有某種聯繫也過於絕對。

明政府有允許葡人租借澳門來抵禦海盜的企圖，中國方面的史料
也有記載。據盧坤《廣東海防匯覽》卷三〈險要三〉載，霍與瑕在上
疏朝廷論述允許葡人租借澳門好處之一就是「香山海洋，得澳門為屏
衛，向時如老萬、如曾一本、如何亞八之屬不敢正目而視，闔境帖
然，若撤去澳夷，將使香山自守，二不便也」。又，《廣東通志‧丁以
忠傳》載：「丁以忠，字崇義，新建人，戊戌進士，歷官廣東按察
使」，「時佛郎機夷違禁潛往南澳，海道副使汪柏縱容之，以忠力爭
曰，此必東粵他日憂，盍再思之，柏竟不從，尋擢右布政使，時微何

---

47 張海鵬：〈澳門史研究：前進和困難〉，載澳門文化司署主辦《文化雜誌》1996年總
第27-28期合刊。
48 黃啟臣：《澳門歷史》，載於澳門歷史學會1995年，頁4950。

亞八、鄭宗與諸賊，運籌理餉，克成厥功，賜白金文綺」。[49]還有，《明史・佛郎機傳》上說：「自（朱）紈死，海禁復弛，佛郎機遂縱橫海上無所忌。而其市香山澳、濠鏡者，至築室建城，雄踞海畔，若一國然，將吏不肖者反視為外府矣。」毋庸否定，明政府允許葡人租借澳門與葡人協助明政府對付海盜之間還是存在某些聯繫的。

（二）關於「經濟動因促成明政府允許葡人租借澳門」說

大多數中國學者在嚴厲批判「驅逐海盜得澳門酬勞」說之後，轉而認為主要是經濟利益促成明政府允許葡人租借澳門。如黃啟臣先生是這樣論述的：第一，在明清政府看來，准許葡萄牙人居留澳門經營對外貿易，多少有利於國民經濟的發展；第二，在明清政府看來，澳門口岸徵收番稅可以部分解決財政危機；第三，讓葡萄牙人在澳門經營對外貿易，可以滿足達官貴人窮奢極欲的生活；第四，葡萄牙人對明清官員採取賄賂手段，使之得以居留和優待；第五，葡萄牙人對明清政府的管理採取謙卑和恭順的態度，使其免受驅逐。[50]鄧開頌、楊仁飛在〈十九世紀中葉前葡萄人在華的歷史地位〉一文中所持觀點與黃啟臣的觀點大致相同。[51]從以上論述看出，這種觀點多側重於從經濟角度考慮問題，我們姑且將之稱為「經濟動因」說。

但是，經濟利益為主要動因的說法也有不完善之處。第一，明政府直接從租借澳門過程中所獲利益並不重要。據印光任、張汝霖合著《澳門紀略》載：「其澳地歲租銀五百兩，則自香山縣徵之。考《明史》載濠鏡歲輸課二萬，其輸租五百，不知所緣起，國朝載入《賦役全書》（後稱《全書》）。《全書》故以萬曆刊書為準，然則澳有地租，

---

49 阮元：《廣東通志》卷二百四十三〈丁以忠傳〉，頁4256。

50 黃啟臣：《澳門歷史》，頁149-153。

51 載《文化雜誌》1996年總第27-28期合刊。

大約為離乎萬曆中者近是。」[52]印、張兩人判斷完全準確。查萬曆四十五年（1617年）廣東巡按田生金上奏朝廷的《按粵疏稿》卷三〈條陳海防疏〉中說，趕走澳夷，對廣東財政影響並不大，「夷餉二萬」，「夫以我堂堂全粵，視此麼麼，何曾孤雛腐鼠；視此錙銖餉利，何曾九牛一毛！」明代居澳葡人每年才嚮明政府繳納租金五百兩白銀，各項稅收二萬兩。相對於明政府龐大的財政收入實在是微不足道。第二，即使是明政府需要對外貿易，明朝統治者需要西洋物質享受，也不一定要選擇允許葡人租借澳門這樣的方式，允許在澳門這樣一個南匯半島的地點來進行。第三，葡人的行賄也不足以影響到萬曆四十二年（1614年）的「廟堂」決策。所以，筆者認為，經濟利益當然是影響決策的一個非常重要的因素，但不是主要因素，更不是惟一的因素。

二　政治因素是明政府允許葡人租借澳門的主要動因

　　允許葡人租借澳門符合明政府海外貿易總政策。明代海外貿易政策主要體現在「對內」和「對外」兩個方面。對內是以禁為主，力圖把海外貿易嚴格控制在官辦範圍，打擊私人發展海外貿易；對外則把海外貿易當做是「懷柔夷人」的恩賜，使海外貿易服從於政治需要。同時，確立海外貿易地點遠離中央政權核心地區的原則，以防止海外貿易對中央政權的衝擊。

　　首先，允許葡人租借澳門符合明政府的「懷柔夷人」政策。早在明朝立國之初，明太祖朱元璋就說：「諸蠻夷酋長來朝，涉履山海，

---

52 印光任、張汝霖：《澳門紀略》上卷，《官守篇・筆記小說大觀》第十四冊（廣州市：廣東高等教育出版社，1988年），頁825。下引該書同此版本，不再另注。

動經數萬里。彼既慕義來歸，則齎予之物宜厚，以示朝廷懷柔之意。」[53]明成祖朱棣也說：「今四海一家，正當廣示無外，諸國有輸誠來貢者聽。」[54]為了「懷柔夷人」，朱棣還派鄭和七下西洋，曉諭各國來朝，製造虛假繁榮。最能體現明清統治者這種思想的是清代乾隆帝〈賜英吉利國王勅書〉中一段話：「天朝物產豐盈，無所不有。原不藉外夷貨物以通有無。特因天朝所產茶葉、瓷器、絲巾為西洋各國及爾國必需之物，是以加恩體恤，在澳門開設洋行，俾得日用有資，並沾餘潤。」[55]下引該書同此版本，不再另注。提議讓葡人租借澳門的霍與瑕便抬出了「懷柔夷人」的祖宗遺訓作依據。霍與瑕說：「島夷關市與寇異，四夷來王，無以綏之，仁者所不處也；既納其稅，又探其未然之惡而漫為之議，義者所不為也。不察其順逆，不辨其奸良，一概名之曰賊，非但俱焚玉石，將有俗庖月易一刀之慮，智者所不出也。」接著，霍與瑕提出了處理澳門問題的上、中、下三策。據盧坤《廣東海防匯覽》卷三〈險要二〉載：「建城設官而縣治之，上策也；遣之出境謝絕其來，中策也；若握其喉絕其食激其變而剿之，斯下策矣。」自此，在處置澳門問題的言論中「建城設官而縣治之」就佔了主導地位。萬曆四十二年（1614 年），朝廷批覆承認葡人租借澳門的事實。據《香山縣志》卷二十二〈紀事〉載，兩廣總督張鳴岡派海道副使俞安性視澳，並給澳門主要街道命名。這次的街道命名也充分體現了「懷柔」精神。在澳門商業中心大街建起門樓，榜以「畏威懷德」四個大字。並用《旅獒》上二十個字「分東西各號」。這二十個字是：「明王慎德，四譯咸賓，無有遠邇，畢獻方物，服食器

53　《明實錄·太祖實錄》卷一百五十四「洪武十六年五月戊申」條。

54　《明實錄·太祖實錄》卷十二「洪武三十五年九月丁亥」條。

55　《清實錄·高宗實錄》卷一千四百三十五「乾隆五十八年八月己卯」（北京市：中華書局，1986年）。

用。」門樓及街道的命名就是讓葡人永遠記住：葡人得以居澳，乃是大明皇帝的恩典。萬曆四十五年（1617 年），廣東巡按田生金聯合兩廣總督周嘉謨上〈條陳海防疏〉，再次肯定了租借澳門的主張。在此，田生金也搬出「懷柔」理論：「獨計此醜去故土幾數萬里，居濠澳已六十年，生長於斯，廬基於斯，各有妻孥，各有貲富，家藏殷厚，輪奐輪美，將欲驅之，能必其脫屣而去乎？能保其不顧戀而復來乎？將欲殲之，則一草一木皆上天生命，無故而屠戮數千餘命，適於天地之和。長平坑卒，豈聖世所宜有乎？」同時，田生金也認為葡人居澳門不足慮。「以事勢論之，澳內僅彈丸黑子地，無田可耕，無險可恃，日用飲食全仰給於我，非若五胡之雄踞要地可蜂起雲擾也。其上通香山，只有一路如臂，名曰塘基環，原設有關一所，一閉便絕，非別有徑路可狼奔豕突而至也。」最後，田生金於〈條陳海防疏〉中還告誡朝廷，西人東來，危險不在廣東澳門，而在朝廷。「天子有道，守在四夷，本原之地，不在邊境，而在朝廷。如龐迪我等，其教不能行於粵，而獨能惑兩都之士，庶毋亦習見者不驚，創聞者可貴耳。」據《明史》卷三百二十六〈外國七‧意大利亞〉載，田生金的建議也得到朝廷的充分重視，萬曆四十六年（1618 年），明政府遂將傳教士龐迪我等人經廣東遞解出境。允許葡人租借澳門也符合明政府海外貿易地點遠離政權中心的原則。萬曆初年，浙江左布政使勞堪在《憲章類編》卷三十九〈市舶提舉司〉中說：「洪武初，設太倉黃渡市舶司，至今稱為六國馬頭。尋以海夷點、勿令近京師，遂罷之。已復設於寧波、泉州、廣州。」以後，浙江、福建市舶司也是時開時停，規模遠不如廣州，故終明一世，惟廣州市舶獨盛。明政府關閉太倉，扶持廣州海外貿易，很重要的因素便是要使海外貿易地點遠離中央政權核心地區。

　　但是，廣州作為華南重鎮、廣東首府、全國著名的大城市，影響

輻射及於兩廣乃至湘、贛、閩諸省。明朝統治者對於在廣州設立市舶司也是不放心的。於是，廣州的市舶貿易也必須往外遷移。據《明史》卷三百二十五〈外國六・佛郎機〉載：「正德時，移於高州之電白縣。」電白縣距廣州達數百公里，又沒有內河運輸，交通實在太不便利。嘉靖初年，又指定在珠江口外的屯門、浪白等島嶼上交易。外洋上的島嶼交易也難於管理。所以，當葡人提出租借澳門以作交易場所，澳門便憑藉其優越的地理位置、便利的交通條件，為明政府所接受。正如澳門史專家張天澤推測，澳門的興起，「在很大程度上是中國人決定將外貿中心遷出廣州並嚴禁中國臣民前往海外的結果」[56]。

　　將澳門租借給葡人也是明政府推行「以夷制夷」、「以夷制倭」分化外敵的外交政策的內容。明代中後期，除中國海盜集團外，還先後有日本、葡萄牙、西班牙、荷蘭、英吉利諸外國海盜集團在中國沿海活動。除日本海盜外，西方殖民者的東來是明政府遇到的前所未有的強勁的勢力。明政府最害怕的是東西新舊兩股海盜集團勢力的匯合。明政府允許葡人租借澳門的直接導火索就是考慮以此來分化葡萄牙殖民者與日本海盜。從葡人開始盤踞澳門，葡人與日本海盜就有密切勾結。《明實錄》中有許多記載：「澳夷盤踞內地，近且匿養倭奴以為牙爪」；「澳夷佛郎機，更蓄倭奴為爪牙，收亡命為腹心」。[57]張鳴岡上疏朝廷建議租借澳門，正是以「葡倭」勾結的可怕後果說服朝廷的。張鳴岡說：「粵之有澳夷，猶疽之在背也；澳之有倭賊，猶虎之傅翼也。」只有「驅倭留夷」才能消除後患。「似不如申明約束，內不許一奸闌出，外不許一倭闌入，無啟釁，無弛防，相安無患為之愈也。」據《明史》卷三百二十五〈外國六・佛郎機〉中載，同年，

---

56 張天澤：《中葡早期通商史》，頁111。
57 《明實錄・神宗實錄》卷五百七十六「萬曆四十六年十一月壬寅」條。

「張鳴岡檄番人驅倭出海」。張鳴岡還派海道副使俞安性巡視澳門督率執行，事後，「安性復條具五事，勒石永禁」。其中，第一款即「禁蓄養倭奴。凡新舊夷商敢有仍前蓄養倭奴，順搭洋船貿易者，許當年歷事之人前報嚴拿，處以軍法。若不舉，一併重治」。[58] 這次驅倭檄令是得到嚴格實行的。田生金〈條陳海防事宜疏〉中載，葡人對「命之散倭歸國，令之執送閩奸史玉臺，無不惟惟聽命」。

把澳門租借給葡人，並給葡人一些優惠待遇，也分化了葡萄牙與西班牙、荷蘭諸西方殖民者的關係。在明朝統治者眼中，荷蘭殖民者是更為可怕的勁敵。據《明史》卷三百二十五〈外國六·和蘭〉中載，他們「恃強淩轢諸國，無所不往」。萬曆中期，「佛郎機橫海上，紅毛與爭雄」。明政府只允許葡人租借澳門，而排斥其它西方殖民者，其目的就是「凡澳夷與各番夷，欲其離，不欲其合」[59]。此外，明政府對居澳葡人及其它西洋海舶徵收兩種不同標準的關稅。「各番船俱由東莞虎門入口，即時赴關上稅，每番舶一隻上稅兩三萬金不等」；「惟澳夷之舶則由十字門入口，收泊澳門，並不向關上稅，先將貨搬入澳，自行抽收，以通番官番兵俸餉，又有羨余則解回本國。至十三行商人赴澳承買，然後赴關上稅，是所科乃商人之稅，與澳夷無與。又則例甚輕，每一舶不過收稅三四千金不等」。由此挑動「各番與澳夷不睦，尚未有勾通之路，且澳夷藐視諸番，不相款洽」[60]。張天澤先生在研究明代中葡貿易史時指出：葡船泊澳門所徵的關稅約是其它外國商舶泊廣州關稅的三分之一；葡人在廣州購物徵稅約是其它外國商人的三分之一。由此他得出結論，「葡萄牙人享有的種種特權

---

58 印光任、張汝霖：《澳門紀略》上卷〈官守篇〉，頁820。

59 張甄陶：〈制馭澳夷論〉，收錄於《小方壺齋輿地叢鈔》第九帙，頁330-331。

60 張天澤：《中葡早期通商史》，頁118。

和豁免權不是其它任何外國商人所能享有」的[61]。足見，明政府允許葡人租借澳門並給予種種優惠的做法是中國封建統治者慣用的「以夷制夷」政策的延續。

萬曆二十九年（1601年），荷蘭人與葡人為爭奪澳門權益發生戰爭，葡人迅即報知廣東政府請求援助。恰在此時，原杭州知府王臨亨在粵辦案，他與兩廣總督戴曜一番對話正反映了這種「以夷制夷」的思想。當時，戴曜只「令舟師伏於二十里外，以觀其變」。他對王臨亨說，若葡人勝，「是以夷攻夷也，我無一鏃之費，而威行於海外矣」；若荷蘭人勝，「則聽紅毛互市，是我失之於澳夷而取償於紅毛也」。王臨亨則於《粵劍編》卷四〈九月十四夜話記〉中建議，既然荷蘭與葡萄牙都是為爭奪對華貿易而戰，何不「別擇澳，以宜置之」。「且夫主方寶視金玉，多一澳則多一利孔。」但是，終明一代，明政府始終只正式允許葡人租借澳門一地。對荷蘭侵佔臺灣、澎湖始終採取不承認態度。天啟年間，明政府甚至不惜動用武力，將荷蘭人擊潰於廈門，後又逐出澎湖。明政府的分化政策在一定程度上激化了葡人與其它西方殖民者的矛盾，客觀上阻止了西方殖民者聯合起來進一步侵犯中國領土主權。

三　明政府允許葡人租借澳門是中西方兩股力量初次交鋒勢力大致均衡的產物

從綜合國力來看，明政府仍明顯優於葡萄牙殖民勢力。明朝中後期，明政府國力雖已遠不及洪武和永樂年間全盛期的水準，尤其是嘉靖、隆慶年間，明政府陷入「北虜南倭」的夾擊之中，國內政局動

---

61 同上。

瀰，但當時的危機尚遠不足以動搖明朝政權的基礎。到了隆慶至萬曆初年，在名臣張居正主持的改革推動下，明朝政權又漸趨中興，綜合國力大增。相反，當時的葡萄牙殖民者在其母國君主的全力支持下，仗著船堅炮利，傾力向東拓展，並佔領了靠近南中國海戰略要地麻六甲，建立了繼續侵犯中國的戰略據點。但是，葡人通過遙遠的航行能到達中國海岸的軍事力量實在極為有限，實在不足以與明軍龐大的軍事力量相抗衡。

事實證明，單靠軍事力量，葡人是根本無法在中國海岸或近海島嶼任何一處地方強行建立起殖民地的。據〔嘉慶〕《新安縣志》卷十四〈官跡略〉中載，正德十六年（1521 年），中國水師在廣東海道副使汪指揮下將強佔廣東屯門島的葡人聚殲，僅餘少量葡人逃回麻六甲。這是中國軍隊與近代西方殖民者的第一次交鋒，以中國軍隊全勝結束。次年，葡萄牙國王派遣訓練有素的遠征軍三百餘人，分乘五艘巨艦前來報復，與中國水師於廣東新會西草灣再度發生遭遇戰，並轉戰至稍州，即使明軍在毫無防備的情況下，仍大獲全勝，「生擒別都盧、疏世利等四十二人，斬首三十五級，獲其二舟」，汪將擄獲火炮進獻朝廷，並用於西北戰場。《明史》卷三百二十五〈外國六‧佛朗機〉上說：「火炮之有佛郎機自此始。」葡人武力在廣東沿岸建立殖民地的企圖失敗後，轉而北上進犯浙江、福建，但同樣不能得逞。嘉靖二十七年（1548 年），葡人「整眾犯漳州之月港、浯嶼。副使柯喬等禦卻之。二十八年又犯詔安。官軍迎擊於走馬溪，生擒賊首李光頭等九十六人，餘遁去」。

在浙江、福建碰壁之後，葡人再次轉回廣東。嚴酷的事實逼使葡人認識到，靠武力是絕對無法在中國沿海強佔殖民地的。於是，葡人轉而採用行賄及卑恭的態度來謀取廣東官員同意租借澳門進行貿易。葡人完全承認中國政府對澳門擁有絕對主權。一位萬曆年間到過澳門

的傳教士記述，澳門「至今仍無武器火藥，也沒有法庭，有一個中國官員搜查他們的房屋，看看他們有無這類東西。同時因為它是一個正式的城市，有大約五百間房屋，一位葡萄牙長官和一位主教，他們就每三年向廣州的新總督繳納一萬錢幣，以免被逐出該地」[62]。張天澤也說：「葡萄牙人返回該省後，完全放棄了任何訴諸武力的做法，而代之以謙卑、恭順的言談舉止。換言之，他們在中國採取了一種截然不同的政策，即賄賂與奉承的政策，即使算不上諂諛獻媚的話。」[63]近代以來的殖民者們常常對他們先輩的行為感到恥辱而力圖加以否定，但事實卻無法改變。葡萄牙人不是不想憑藉武力強佔中國領土，他們也曾努力地這樣做了，但當時這些早期殖民者們還不具備這個實力，所以只好採用欺騙、卑恭的手法來租借澳門。任何外交政治鬥爭的結果，往往是受實力決定的，在明季中西方力量交鋒中也是如此。

想憑藉武力強佔中國海岸或近海島嶼，不僅葡人辦不到，連後來更強悍的荷蘭人也辦不到。萬曆三十二年（1604年），荷蘭人強行闖入澎湖。最初，「當事屢遣使諭之，見酋語輒不竟，愈為所慢」。據張燮《東西洋考》卷六〈紅毛番〉中載，後來，總兵官施德政「令都司沈有容將兵往諭」，沈有容上澎湖後，荷蘭人紛紛拔劍相威脅，沈有容厲聲說：「中國甚慣殺賊，第爾等既說為商，故爾優容爾，何言戰鬥，想是元懷作反之意，爾未觀天朝兵威耶！」在明軍水師雲集、嚴陣以待的情況下，荷蘭人不僅禮遇沈有容，還被迫「揚帆去」。這次外交鬥爭的勝利，歸根到底還是軍事實力起到了決定性作用。

即使在單純的軍事裝備上，葡人也沒有優勢。葡人進犯中國，不外乎依仗船堅炮利兩個手段。當時主張用武力將葡人逐出澳門的俞大

---

62 博克舍著，何濟高譯：《十六世紀中國南部紀行》（北京市：中華書局，1988年），頁14-15。

63 張天澤：《中葡早期通商史》，頁106。

猷曾對雙方裝備優劣有精闢的分析。俞大猷於《正氣堂集》卷十五〈論商夷不得恃功恣橫疏〉中說:「夥所用兵器,惟一軟劍,水戰不足以敵我兵之力,陸戰則長槍可以制之無疑。」葡人所仗「惟鳥銃頗精,大銃頗雄」,俞大猷又提出:「一戰賊大船,必用火攻」,「一賊所恃者,龍頭劃然,賊不過一二十隻,我兵用則七八十隻,以多制寡,何患不取勝」。俞大猷絕非浪言,他還主動向兩廣總督吳桂芳請纓,決心「大做一場,以造廣人之福」。當時葡人的鳥銃大銃並非後來西方工業革命後的槍炮,仿造也並不難。在廣東屯門之戰前,汪就派何儒偷取了造炮技術,造出了佛郎機炮並用於戰鬥。此後,中國水師便都配備了中外各式火器。據戚繼光《紀效新書》卷十八〈治水兵篇〉載,明軍主戰艦「福船」、「海艚」、「蒼」分別配置了佛郎機炮六門、四門、二門,另配傳統中國火器長短不等。有些火器經中國工匠改造後性能大大提高。另據鄭若曾《籌海圖編》卷十三〈鳥銃圖說〉中載,嘉靖後期造出的鳥銃「比西番尤為精絕」。萬曆以後,荷蘭殖民者東來,船炮技術又有了提高,但明朝水師仍不甚懼怕。《明史》卷三百二十五〈外國六・和蘭〉上說:「其所恃惟巨舟大炮。舟長三十丈,廣六丈,厚二尺餘,樹五桅,後為三層樓。旁設小窗置銅炮。桅下置二丈巨鐵炮,發之可洞裂石城,震數十里,世所稱紅夷炮,即其制也。然舟大難轉,或遇淺沙,即不能動。而其人又不善戰,故往往挫衄。」另外,明軍水師設備雖稍落後,但在長期的與沿海中外海盜集團戰鬥中鍛鍊出較高的戰鬥素養,故明軍水師在中葡、中荷多次戰鬥中仍勝多負少。

不過,明軍水師也有缺陷。明軍水師完全有能力在海岸或近海島嶼驅逐外敵,但卻往往難以聚殲,一旦葡荷巨艦逃出外海,明軍水師對此往往是無能為力的。萬曆年間,葡荷軍艦又添置了新設備。據《明史》卷三百二十五〈外國六・和蘭〉載,「其柁後置照海鏡,大

徑數尺，能照數百里」，這就是望遠鏡。明軍水師就更無法近前攻敵。所以說，明代中後期中葡、中荷的軍事力量仍處於大致均衡的狀態。據《明史》卷三百二十五〈外國六·佛郎機〉載，在這種情況下，兩廣總督張鳴岡便說：「濠鏡在香山內地，官軍環海而守，彼日食所需，咸仰於我，一懷異志，我即制其死命。若移之外洋，則巨海茫茫，奸宄安詰，制御安施！」建議允葡人定居澳門並嚴格控制。此論一出，明政府終於做出了允許葡人租借澳門的決策。

對這一重大決策，很長一段時間內，在明政府及其繼承者清政府統治者眼中都認為是恰當的，至少不算是重大失誤。《明史》卷三百二十五〈外國六·佛郎機〉上說：「蓋番人本求市易，初無不軌謀，中朝疑之過甚，迄不許其朝貢，又無力以制之，故議者紛然。然終明之世，此番未嘗為變也。」明朝著名學者沈德符於《萬曆野獲編》卷三十〈香山〉中認為：「當世宗時，以為安邊第一要著。今日談虜事者，以為套不可復，亦不宜復，其說甚辯。蓋疆圉多故，時異勢殊，不可執泥隅見，今夷安堵，亦不聞蠢動也。」印光任、張汝霖的《澳門紀略》也記載：「今海宇承平，諸蕃向化，以此為天朝守海門而固外圉，洵有道之隆也。」筆者認為，以上諸論雖有過譽之嫌，但卻符合實情。明政府採取租借形式處理澳門問題不失為明智之舉，其積極意義還是占主要地位的，它與一八四○年以後清政府在強權底下被迫與西方列強簽訂屈辱不平等條約以及割地賠款行為有著本質的區別。

明朝協調粵贛兩省經貿關係的政府行為

明代，粵贛兩省行政地域相連，社會經濟發展水準差異明顯，因而在社會經濟發展過程中產生過一些矛盾和衝突。但是，在明朝中央政府的指引下，粵贛兩省地方政府基本上能以發展社會經濟大局為

重，以兼顧兩地群眾利益為出發點，大多採取協商的方式來處理兩地間的矛盾，為促進粵贛兩省社會經濟發展做了不少工作。明朝政府為促進兩地社會經濟發展所建立的協調機制，所採取的政府行為，值得我們重視和借鑒。

一　商品流通稅利益分割的協調

早在統一戰爭時期，為籌措軍費，朱元璋即下令在其控制區域內「設關市批驗所官，以徵境內外往來商貨，鹽十稅一，他物十五稅一」[64]。明朝建立，明朝政府在全國交通要道和商業集中的地方設立了眾多的稅卡，繼續推行徵收商品流通稅政策。《明史》卷八十一〈食貨五‧商稅〉載：「行賚居鬻，所過所止各有稅。」

明代，貫通贛粵兩省的京廣驛道是中國南北走向物資運輸最重要的交通大動脈，繁忙的商業活動，給粵贛兩省地方政府帶來巨額的商品流通稅收入。明初，粵贛兩省地方政府分別在驛道沿線設立了多個稅卡，向過往物資徵收商品流通稅。江西方面，主要有贛關。弘治年間，南贛巡撫金澤為了籌措軍餉，創設於兩省分界大庾嶺江西一側的折梅亭上。正德六年（1511年），南贛巡撫陳金又在章水貢水匯流處的龜角尾另設分關，對「南北貨物，一併抽稅」[65]。除贛關外，宣德四年（1429年），明政府還在京廣驛道江西段上的南昌、九江、吉安、臨江、清江鎮設置了稅課司或稅課局，以徵收行稅和坐稅。在廣東方面，主要稅卡為南雄太平關。〔嘉慶〕《一統志》卷四百五十四〈南雄州〉載，天順二年（1458年），廣東巡撫葉盛置於南雄太平橋

64 孫正容：《朱元璋繫年要錄》（杭州市：浙江人民出版社，1983年），頁83。
65 顧炎武：《天下郡國利病書》，原編第二十三冊〈江西〉。

上，最初主要是向廣東販運至江西的私鹽徵稅，亦名「鹽關」，後來又擴展到向過往商品徵稅。

　　贛關和太平關，分別是江西和廣東重要的財稅收入來源。王守仁《陽明全書》卷十〈議南贛商稅疏〉載，從正德六年（1511年）十一月到九年（1514年）七月的兩年零七個月，僅從贛關龜角尾抽分廠就共徵得商稅銀四萬二千餘兩。劉堯誨於《蒼梧總督軍門志》卷二十三〈復舊規以益軍餉疏〉中說，廣東太平關設立後，「府庫充實，地方逐年用兵，剿賊、買糧、賞功等項，甚為有賴」。但是，粵贛兩省地方政府對流通商品的近距離重複徵稅，大大加重了商業成本和商人負擔，尤其是從太平關至贛關，竟然設置了稅關三處，由此「商旅大困」。明朝中央政府不得不出面協調粵贛兩省對京廣驛道過往貨物的徵稅辦法。

　　正德十一年（1516年），給事中黃重上奏：「廣貨自南雄經折梅亭己兩稅矣，贛稅不無重複，請允停止。」正德十二年（1517年），南贛巡撫王守仁撤銷折梅亭關，歸併入贛關，此舉初步減輕了商人負擔。

　　但是，廣東南雄太平關和江西贛州的贛關，均對南來北往的貨物徵稅，商人仍不堪重負。嘉靖元年（1522年），戶部下令太平關與贛關均只能夠單向徵稅。「廣東、江西商貨納稅，自北而南者，於南安；自南而北者，於南雄。不許違例重徵。」[66]為了確保粵贛兩省官員認真執行決議，中央政府還制定了兩省相關主要官員相互監督的後續措施。當時中央政府下令：「廣東、江西撫按衙門委南雄、南安二府知府，督同各稅司官吏綜理商稅。各布政司給與印信簿籍一扇，將日逐稅過商人貨物姓名逐一附記，按季解赴布政司，呈報撫按衙門查

---

66 《明實錄‧世宗實錄》卷十七「嘉靖元年八月乙酉」條。

考。商稅自南而北，自北而南，不許違例重徵。守巡官亦要不時查訪
奸弊，其委官侵欺挪移，坐以監守自盜。」[67]

自南而北的貨物在南雄太平關徵稅，自北而南的貨物在贛關徵
稅，明朝中央的這種做法既減輕了商人的負擔，又較公平地分割了贛
粵兩省對京廣驛道稅收的利益，收到了良好的效果。在整個嘉靖朝的
四十五年間，贛關，「兩橋稅銀，每歲大約三萬有奇」。中央與江西稅
收收入分割比例是：「以十分為率，鹽稅八分解部，二分留餉；雜稅
五分解部，五分留餉。解部總以二萬，留餉總以萬餘計，此其常
也。」解部的方法也有明確規定。「舊例，五年一解，如部有急諮
取，或三四年一解，其解五六七八萬不等，總視每年收數為盈縮」；
「故解部與餉用外，尚有餘積可備地方緩急」。[68]嘉靖年間，贛關庫存
銀曾高達二十六萬，地方財政相當豐裕。[69]在嘉靖年間，南雄太平關
常年的稅收收入也是三萬兩以上。[70]

嘉靖末年，兩廣兵事頻仍，僅憑廣東財力，無法支持兩廣軍事行
動的開支。隆慶二年（1568年），廣東巡按御史王同道奏請：「廣東
橋稅自南而北者，設抽盤於南雄府太平橋，每歲約得銀三萬餘兩。嗣
將自北而南者亦並於太平橋，增銀一萬二千兩。自今以後，南來者，
解廣西；北來者，留廣東。各充餉用。」[71]王同道的奏請得到中央批
准，並以立法形式載入《大明會典》中。「廣東南雄府太平橋，每歲
南北抽盤。」這次稅收方法的變更，廣東南雄太平關每年可以增加稅
收萬餘兩，但贛關自此失去對京廣驛道南下物資徵稅的職能，地位下

67 申時行等：《大明會典》卷三十五〈課程四・商稅〉。

68 顧炎武：《天下郡國利病書》，原編第二十三冊〈江西〉。

69 同上。

70 張學顏等：《萬曆會計錄》，北京圖書館古籍珍本叢刊（北京市：書目文獻出版社，
　　無出版年），頁1343。下引該書同此版本，不再另注。

71 同上。

降為地方性稅卡，江西稅收也由此銳減。萬曆六年（1578年），江西全省的商稅收入僅得白銀三千餘兩[72]，嚴重削減了江西的財稅收入，損害了江西利益。把南雄關每歲所得稅收三萬餘兩撥給廣西，廣東每歲僅得贛關稅收一萬五千餘兩，廣東方面從京廣驛道上徵得的稅收減半。廣東官員紛紛反映：「自隆慶以來，太平橋稅，自南而北稅者解廣西，自北而南稅者解廣東，又歲減萬五千之數矣。若再加扣留，則日侵月削，梧鎮益不可支，而廣西全省亦可棄置不守矣。」[73]也嚴重地影響到廣東的財政收入。

萬曆中期，萬曆皇帝曾一度向全國四處派遣稅使，拼命搜刮民脂民膏，贛關也重新對南北運輸的商品都徵稅。〔乾隆〕《江西通志》卷三十四〈關津・贛關〉載，在萬曆二十七年（1599年）至萬曆四十二年（1614年）稅使派駐贛關的年份，贛關每年收入「稅近五萬兩」。稅使撤出贛關後，重訂稅額，「增稅悉蠲，商困乃蘇，公私始克有濟」，每年收入又恢復至三萬兩左右，終明一代，贛關稅收大體維持這一水準。[74]

二　食鹽行銷範圍與鹽稅徵收辦法的協調

明朝政府實行食鹽專賣制度，鹽稅在稅收中佔有重要份額。但是，明朝前期，贛粵兩省地方政府都無法在廣鹽行銷過程中獲取利益。《明史》卷八十〈食貨四・鹽法〉載，廣東瀕海，盛產食鹽，明朝中央政府卻規定：「廣東之鹽，例不出境。」江西雖緊鄰廣東，政府規定的食鹽供應卻是千里之外的淮鹽。於是，走私廣鹽便與淮鹽反

---

72 申時行等：《大明會典》卷三十五〈課程四・商稅〉。
73 張瀚：《松窗夢語》卷八〈兩粵紀〉（北京市：中華書局，1985年），頁166。
74 顧炎武：《天下郡國利病書》，原編第二十三編〈江西〉。

覆爭奪江西市場。販運私鹽的商人，「自梅嶺、羊角水等處，而越至江西」；又與當地「土豪糾合勢要，持兵挾矢，勢如強賊，夤夜貿易，動以萬計」。[75]

　　私鹽的盛行不僅造成稅收的流失，而且危及社會安定，為改變這一規定，促使廣鹽在江西，尤其是在贛南地區流通合法化，贛粵兩省地方官員聯合起來做過不少努力。據《明史》卷八十〈食貨四・鹽法〉載，天順二年（1458 年），廣東巡撫葉盛提出，對待廣鹽走私，「任之則廢法，禁之則病商，請令入米餉邊，乃許出境，公私交利」。於是，葉盛在南雄太平橋和潮州廣濟橋上設關徵稅。完稅後，經南雄太平橋的廣鹽，便可越過大庾嶺而直販江西南、贛二府；經潮州廣濟橋的潮鹽，溯韓江北上，「至三河接賣汀商，越嶺過贛州、袁、臨等府」。據《明史》卷八十〈食貨四・鹽法〉載，正德二年（1507 年），戶部正式批准葉盛的做法：「江西贛州、南安、吉安改行廣東鹽。」廣鹽販運至江西贛州、南安、吉安得到中央的允許，取得了完全合法的地位。但是，在南雄設關，向販運至江西贛南地區的廣鹽徵稅，利盡歸廣東，江西地方政府自然不能滿意，江西官員又提出分割利益的要求。正德十二年（1517 年）九月，南贛巡撫王守仁以籌措軍餉為由，提出暫時擴大廣鹽行銷範圍，廣鹽可以由贛州轉銷至江西袁州、臨江、吉安等地，但必須在贛關再次徵稅，贛關的鹽稅收入歸南贛巡撫支配。中央暫時同意了王守仁建議，「自今為始，至正德十三年終止」。在試行期間內，贛關的商稅收入驟增，其中「鹽稅實有三分之二」。江西地方政府從中獲得部分利益。王守仁《陽明全書》卷十一〈再議疏通鹽法疏〉載，正德十三年（1518 年）十月，眼看試行期限將至，王守仁又提出應「將前項鹽稅著為定例，許

---

75 《明實錄・英宗實錄》卷二百一十七「景泰三年六月戊子」條。

於袁、臨、吉三府地方發賣」。王守仁的建議卻遭到中央否決。

此後，廣鹽於南雄太平關抽稅，行銷江西贛州、南安兩府成為定制，不再有異議；而由贛州再分銷至贛南其它府州的做法，則出現長期反覆爭議。嘉靖五年（1526 年），南贛巡撫潘希曾奏請廣鹽分銷至袁、臨、吉三府，兵部附議，得到了嘉靖帝的批准。[76]嘉靖十五年（1536 年），御史徐九皋提出：廣鹽行銷贛南五府，「非舊制也，今宜禁止廣鹽」。南贛巡撫王浚反駁：「南、贛、吉安去廣最近，商民便之。今第宜暫禁袁、臨二府毋得行廣鹽。」並以「萬一兵餉不繼，地方可慮」為由，提請中央決策者注意，結果取消了袁州、臨江，保留了吉安行銷廣鹽。[77]萬曆十三年（1585 年），吉安復改行銷淮鹽之議又起，中央在無法做出利害判定的情況下，允許贛粵兩省官員覆議。廣東屯鹽僉事陳性學上言：「夫江廣地方，控帶群蠻，襟會百粵，桴鼓之警，歲常有之，兵餉多取給於商稅。以南、贛、吉三府之民，歲且消鹽二十餘萬，計稅餉之所入，大約吉安十之八，南、贛十之二，若以吉安復食淮鹽是十去其八矣，餉將焉賴哉。」陳性學還說，原南雄保昌縣每年五千五百餘石的虛糧是靠鹽稅沖抵的；南雄每年數萬挑夫是靠販運廣鹽為生計的；取消廣鹽行銷吉安，這些問題將如何處置。同時，廣東鹽場數萬灶戶也面臨失業危險。因此，吉安改行淮鹽不僅僅是贛粵兩地的事情，同樣也關係到國家安危，國計民生，必須慎重行事。[78]

爭論還沒有終止。萬曆十四年（1586 年），兩淮巡鹽蔡時鼎上奏，把江西行鹽的問題與中央同地方的利益分割對立起來：「欲復吉安額地，以完國課而消積引，所執議者鹽法。而江西撫按欲將吉安一

76 《明實錄‧世宗實錄》卷六十二「嘉靖五年三月戊子」條。

77 《明實錄‧世宗實錄》卷一百九十四「嘉靖十五年十二月丁未」條。

78 顧炎武：《天下郡國利病書》，原編第二十三冊〈江西〉。

府照舊行廣鹽，以便小民而濟兵餉，所執議者地方。」戶科左給事中常居敬馬上反駁：「吉安一府仍食廣鹽，是江西、廣東，一利於買，一利於賣。若是乎人情之盃於趨利而不可驟反也。」[79]萬曆三十八年（1610年），廣東參議陳一教上〈復通鹽路疏〉，再次強調了贛南行銷廣鹽的重要性。陳一教說：「嘉靖年間，分宜嚴用事，不由覆議，徑奪袁、臨二郡以惠淮商，厥後鹽漸不行，烏艚等船亦因以廢，致海賊許朝光、曾一本、林鳳、林道乾相繼為亂，嶺海騷動二十餘年」；「故論者謂：欲廣東無事，在復鹽船，欲鹽船咸利，在通鹽法。真知要之論也」。[80]在贛粵兩省官員據理力爭下，頂住了財雄勢大的淮商及其朝中代言人的非議，保留了江西吉安屬廣鹽行銷範圍的做法。

吉安為明代江西省人口最多的州府，人口戶數遠遠超過南安、贛州二府[81]，人多食鹽也多，鹽稅也就越多，這就是淮商與贛粵商人反覆爭奪吉安行銷食鹽權鬥爭的根本原因。此外，吉安為贛江咽喉，吉安行銷廣鹽，「既而私販盛行，輕舟疾槳，所在而集」[82]。將廣東私鹽又轉運至袁州、臨江、瑞州，直至九江、南昌等府。吉安行銷廣鹽，廣鹽就能佔有江西食鹽的大部分市場份額。

天啟五年（1625年），明朝政府曾短暫將吉安改為淮鹽行銷區域。當年，淮鹽商人江禮等重金賄賂「閹黨」，並提出以「願歲加新課十五萬以佐軍興，且現齎有引銀四萬二千五百兩先貯銀庫，以助大工」條件，換回「止將吉安一府仍歸於淮」。疏是由「閹黨」重要人物崔呈秀代為上呈的。由於交換的條件非常優厚，替淮商說話的人是有足

79 《明實錄・神宗實錄》卷一百七十三「萬曆十四年四月辛巳」條。
80 阮元：《廣東通志》卷一百二十五〈經政略八〉，頁3002。
81 梁方仲：《中國歷代戶口、田地、田賦統計》（上海市：上海人民出版社，1980年），頁232。
82 《明實錄・世宗實錄》卷四百六十「嘉靖三十七年六月癸未」條。

夠分量的，加上天啟帝對「閹黨」更是言聽計從，自然也就滿足了淮
商的請求，皇帝下旨：「以南、贛二府屬粵，以吉安一府歸淮。」[83]

天啟七年（1627年），廣東道御史晏春鳴上言：「粵東自正德中用
兵增餉，故以江右之南安、贛州、吉安三府行粵鹽以充之，業已吏習
民安矣。自崔呈秀將吉安一府請行淮鹽⋯⋯乃人情大有不便者。」[84]
崇禎元年（1628年），崇禎帝下令：「吉安仍行粵鹽，其淮商納過引
課，合先聽銷，以完一年之課。此後地歸東粵，永不相亂。」[85]崇禎
皇帝最終以行政命令徹底平息了吉安行鹽歸屬之爭，吉安府法定屬於
廣鹽行銷區域。

行政命令可以強行改變食鹽行銷的範圍，卻無法改變市場規律，
廣鹽為何能暢銷贛南地區，根本原因在於受市場規律支配。明末清初
著名思想家顧炎武對這一現象曾有精闢論述：「行鹽地分有遠近之不
同，遠於官而近於私，則民不得不買私鹽。既買私鹽，則興販之徒必
興。於是乎盜賊而刑獄滋矣」；「虔州官鹽，自淮南運，致鹵濕雜惡，
輕不及斤，而價至四十七錢。嶺南鹽販入虔，以斤半當斤，純白不
雜，賣錢二十，以故虔人盡食嶺南鹽」。[86]

江西大部分地區行銷廣鹽，加強了贛粵兩省社會經濟發展的相互
依賴。就江西而言，廣鹽行銷贛南，就意味著江西廣大老百姓可以買
到質優價廉的食鹽，減輕生活負擔。同時，也意味著江西地方政府可
以取得數額相當可觀的鹽稅收入，從而緩解地方財政捉襟見肘的窘
境。就廣東而言，贛南行銷廣鹽的意義更為重大。自從廣鹽允許在贛
南銷售後，南雄太平關常年稅收達三萬兩以上，而當時廣州市舶司常

83 《明實錄·熹宗實錄》卷六十四「天啟五年十月己亥」條。
84 《明實錄·崇禎長編》卷四「天啟七年十二月庚子」條。
85 《明實錄·崇禎長編》卷七《崇禎元年三月乙丑》條。
86 顧炎武：《日知錄》（上海市：上海古籍出版社，1985年），頁829。

年的海關關稅收入也就只有四萬餘兩。南雄太平關稅與廣州市舶司海
關關稅同為廣東地方財政的兩大支柱。同時，江西大部分地區行銷廣
鹽，廣東大量與鹽業相關的勞動力也得以維持生計，從而間接地保證
了廣東的社會穩定。

三　協調解決勞務糾紛

　　南嶺山脈天然地把贛粵分作兩省，明代的京廣驛道幾乎全程都是
可以走水路的，唯獨翻越南嶺必須走陸路，因此必須用人力畜力把貨
物搬運翻越大庾嶺。在搬運的物資中，運送官用物資的力夫是通過無
償簽發的，是力役，是負擔。而搬運商人的私貨是可以獲取運資的，
是有利可圖的，也是大庾嶺南北兩側江西南安府和廣東南雄府，兩地
數萬挑夫賴以生存的生計。明代贛粵兩地政府曾多次就分割貨物搬運
翻越大庾嶺過程中的利益和負擔進行協商。

　　第一次協議產生於洪武年間。當時達成協調：「設小嶺中站，遞
送官物」；「南雄、南安兩府共給其役，共用其利，故騾驢馱載，少壯
擔負，皆於中途轉換，蓋因民情土俗，以為定例」。小嶺中站並非在
贛粵交界處，而是在南雄府境內京廣驛道廣東南雄府址與江西南安府
址中間。明人黃汴《一統路程圖記》有準確記載：「南安府大庾縣橫
浦驛，過大庾嶺，即梅嶺，六十里，中站，即紅梅關，六十里，南雄
府保昌縣凌江驛。」[87]小嶺中站今為南雄梅嶺鎮政府駐地。明政府同
時在中站設遞運所。據〔嘉靖〕《南安府志》卷十九〈經略志〉載，
當時把小嶺中站定為一切南來北往物資中轉站是得到兩地軍民共同認
可的，「公私皆習而安之。無所爭也」。

---

87 楊正泰：《明代驛站考》（上海市：上海古籍出版社，1994年），頁146。

　　第二次協商是在景泰初年。《南安府志》卷十九〈經略志〉載，起因是「自景泰初，因軍餉而以南贛皆為廣東行鹽地方，則南雄之貨過嶺者益多，駄擔者可得厚利。南雄之民始創南貨過北者，直至南安城下，北貨過南者，直至南雄城下之議」。南安方面對這次協商是極其不滿的，認為「其議似公，未悉委曲，故官無確斷」，無法接受。因為，「北貨過南者，悉皆金帛輕細之物，南貨過北者，悉皆鹽鐵粗重之類。過南者月五百駄，過北者日有數千。過北之貨偏多，則南雄獨擅其利矣。南雄擅其利而應夫役之常固宜，南安既無其利而夫役之常則不可，辭無利有害將何以堪。此民之所以必爭，雖嚴刑重罰而不能禁」。由於長期以來利責不清，引致兩地民眾紛爭不已。「民起私爭，殺傷狼藉，文移旁午，商旅不通，兩府交病，凡二十年間，屢斷屢爭，卒無寧歲。」

　　第三次協商在成化十四年（1478年）。新任南安知府張弼向兩廣總督朱英及兩省的相關部門反映情況，要求重新界定兩地貨運的中轉站，以求較為合理地分割由搬運私貨而帶來的利益。〔嘉靖〕《南安府志》卷十九〈經略志〉載，同年十二月，由廣東按察司僉事趙弘主持，會同南安知府張弼、南雄知府江璞、兩府的耆老以及「少沾利之人」，彙集於南雄中站會議。協商結果，雙方官民代表一致同意：「南雄之駄擔者至中站而止，南安邸舍之家不勾致其來，則各守舊規，而爭端永息矣。」雙方還一致認為：「非記之於石文將有私意變亂者。」決定在中站勒石，銘記此事，為雙方永遠遵守。永久地平息了大庾嶺道兩側南安與南雄挑夫的糾紛，使大庾嶺道成為治安良好的路段。嘉靖四十四年（1565年），安徽人葉權越嶺，看到的是「嶺間車馬相接，河上舟船相望」，海內一家，太平盛世的景象。[88]葉權還看

---

88 葉權：《賢博編》（北京市：中華書局，1987年），頁41。下引該書同此版本，不再另注。

到：「江西小民秋收畢，悉過梅嶺就傭，廣東地暖，可省寒衣，開春二三月復歸東作，歲歲如之，廣東人謂之使郎。」[89]兩省的勞務關係是十分融洽的。據〔正德〕《松江府志》卷二十九《張弼傳》載，張弼為江西方面爭得權益，南安百姓感其恩德，張弼離任時「立生祠嶺下」。

南雄知府江璞同意以中站為限，允許贛省挑夫越嶺。這樣一來，南雄挑夫搬運貨物的路程僅余從南雄至中站，從中可以獲取運資。這次協議，看似是江璞做出了重大讓步，使廣東方面利益受損，其實不然。江璞看出，中站成為貨運中轉中心，同樣隱藏著無限商機，關鍵在於充分利用好中站的物流作用。天順年間，南雄挑夫越嶺，一站即到江西南安，中站成為「無籍者所據」的盜賊巢穴，盜賊對過往商客，「橫征陰竊，無所不至，商民病之」。江璞認為，依中站地理位置，「其地內接京師，外通島夷，朝貢使命，歲無虛日，惟夫役是繁，時之所遭，勢所必至」，最適合發展為商業市鎮。據〔嘉靖〕《南雄府志》卷一〈提封‧關鎮〉載，江璞在中站小村的基礎上，「闢而廣之，建屋百二十楹，無籍不律者懲而去之，擇民貧而端謹者使之居。守公取利惟薄，復以十之三為商旅飲食之需，利之所入，居守者白之總領，呈府發縣，夫役公私之費胥此焉」。中站的商稅成為南雄稅收的新稅源。數年間，中站由一小村發展為南雄境內除府城外最繁華的市鎮，取名通濟鎮。通濟鎮大量的客棧、貨棧、商鋪，也為部分失業的南雄挑夫提供了新的生計，「既利於商，復利於民」。由此可見，利弊是可以相互轉化的。在江璞的努力下，使成化十四年（1478年）的協議變成了一個雙贏的協議，於贛、於粵都有利。所以，南雄百姓不僅沒有責怪江璞，反而將其入祀景德祠，永遠紀念他的功勞。

---

89 葉權：《賢博編》，頁47。

據〔嘉靖〕《南安府志》卷十九〈經略志〉載，江西文人魏瀚作〈過梅關〉詩並稱南安張弼與南雄江璞，「東西鎖鑰歸賢守」。

贛粵兩省地方政府還通力合作，不斷對大庾嶺道進行修繕，保持驛道的暢通。明朝以前的修繕都只是各自在轄區內進行，明代贛粵兩省地方政府修路卻是跨省進行的。永樂三年（1405 年），廣東南雄官員上奏：「梅關南通交廣，北出江西，實為要路。舊有橋三處，年久圯壞，茲欲重修，工費浩繁，乞令江西南安府同修。」[90]並得到中央的批准。贛粵兩省地方政府共同修路、同創繁榮，體現了兩省軍民精誠合作的精神。

四　設置南贛巡撫與安置流民

元朝，江西行省的轄區包括明代江西省全境以及廣東省的大部。由此，贛粵交界山區就成為江西行省的腹地，元朝統治者也因此曾著力於對該地區的治理和開發。元明易替，明朝統治者即依據五嶺南北為界，把江西行省劃分為廣東和江西兩省，隨著統治力量削弱，包括閩、贛、粵、湖廣四省交界的廣大山區就成了動盪之區。據《明經世文編》卷六十七〈新建巡撫院記〉載，起初，各省統治者曾各自進行了軍事征剿，但效果甚微，往往是「備其東則發於西，剿其南則竄於北」。

為了重新加強對四省交界地區的控制，弘治八年（1495 年），明朝政府專門設立了南贛巡撫。由於唐宋朝贛州曾名虔州，官衙設於贛州的南贛巡撫也常簡稱為「虔臺」或「虔鎮」。通常情況下，南贛巡撫轄區包括江西南安、贛州、建昌，福建汀州、漳州，廣東韶州、潮

---

90 《明實錄‧太宗實錄》卷四十三「永樂三年六月壬申」條。

州、惠州、南雄，湖廣郴州。「東極閩廣漳潮之海，南距廣之廣州，西距湖之衡州，北距吉安之廬陵，而幅蓋數千里。」[91]

在明代職官序列中，南贛巡撫是一個地位比較特殊的職務。明初，地方省級的最高權力機構為「三司」，宣德五年（1430 年）「各省專設巡撫自此始」[92]下引該書同此版本，不再另注。。總督與巡撫成為省級軍政總管。通常情況下，各省於省會設巡撫一員，如江西行省就在南昌設立了江西巡撫。南贛巡撫的設立，江西一省之內竟是兩巡撫。南贛巡撫不是江西巡撫或兩廣總督的下屬，而是只聽命於中央的獨立建制。南贛巡撫雖以江西南安、贛州命名，轄區卻是贛、閩、粵、湖廣四省交界相連的山區。南贛巡撫也不是一個完全獨立的行政區域，在南贛巡撫轄區內，各級政權仍要受原各省督撫主管，顯然，南贛巡撫主要是起協調作用。還有，各省巡撫的主要職責在民政，而南贛巡撫設立的初衷卻是凸顯軍事。

南贛巡撫設立後，四省聯合統一指揮的軍事鎮壓迅速取得了明顯的效果，初步達到了平息動亂的效果。甚至，明朝統治者認為已沒有單獨設立南贛巡撫的必要，從弘治十七年（1504 年）至正德五年（1510 年）的六年時間，一度撤銷了南贛巡撫建制。但隨即「四省接壤之盜復起嘯聚」，正德六年（1511 年）又不得不重新設置。動亂平息後又起的歷史教訓，讓統治者認識到單純的軍事鎮壓是無法使得四省交界山區社會穩定，南贛巡撫的職能有由單一的軍事職能向軍政職能結合發展的必要。據《明經世文編》卷一百一十〈為申明賞罰以勵人心事〉載，正德年間，兵部尚書王瓊提出，南贛巡撫「雖以巡撫為名，實則提督軍務，是以原奉敕旨，民情事務，不必干預。然以巡

---

91 雷禮：《國朝列卿記》，收錄於《元明史料叢編》（臺北市：文海出版社，1984年），頁5782。下引該書同此版本，不再另注。

92 夏燮：《明通鑒》卷二十（上海市：上海古籍出版社，1990年），頁173。

撫為名而不與民事，以禦盜為職而不得兵權，故官雖設而職難盡，民
受害而盜未息，不如不設此官」。隨後，明朝政府允許了南贛巡撫王
守仁的要求：「特改提督軍務，撫按軍民，修理城池，禁革奸弊，一
應軍馬錢糧事宜俱聽便宜區處，又頒旗牌永為定制。」[93]

　　要使贛南地區社會安定，核心問題就是如何妥善安置流民。據王
守仁《陽明全書》卷十〈立崇義縣疏〉載，首任南贛巡撫金澤，任內
就曾將大批廣東流民安置於江西上猶縣的橫水、左溪、長流、桶岡、
關田、雞湖等地。加上一些其它地方流入的「避役逃民並百工技藝遊
食之人」，「動以萬計」。南贛巡撫王守仁進一步完善了安置流民制
度。軍事鎮壓後，王守仁在流民集中的地方設置行政機構。閩粵交界
福建一側設置了平和縣，贛粵交界廣東一側設置了和平縣，贛粵湘交
界江西一側設置了崇義縣。縣以下則有完善的保甲制度。王守仁《陽
明全書》卷十六〈牌行招撫官〉中載，王守仁安置崇義縣流民，除
「立屋居住，分撥田土」外，又牌行招撫官：「特發去商稅銀一百
兩，就仰本官置買耕牛、農器，分給各民，督令上緊趁時播種。其有
見缺食用者，亦與量給鹽米。一應撫安綏來之策，具可施行。」王守
仁還行文嚴禁官差擅自前向新區擾民，甚至禁止官吏侵擾商人；如果
官吏「假以查盤為名，侵凌騷擾，違者，許赴軍門口告，照依軍法拿
問」。明代中後期，江西省還有多次大規模安置廣東流民的行動。嘉
靖二十一年（1542 年），南贛巡撫虞守愚安置廣東程鄉葉姓為主流民
七千餘人於贛州府安遠縣。[94]萬曆三年（1575 年），贛州知府葉夢熊
又招降廣東潮州叛賊張璉餘黨三千餘人，安置於贛州府長寧縣。[95]

　　以政府行為安置流民，對緩解廣東人口壓力是有利的。明代中後

93　雷禮：《國朝列卿記》，頁5782。
94　顧炎武：《天下郡國利病書》，原編第二十三冊〈江西〉。
95　同上。

期，隨著廣東人口的增長和農業的商業性開發，原從事傳統稻作糧食生產人員，被迫脫離故土成為流民，廣東出現大量產業結構性的富餘勞動力。失去土地的農民，或上山為寇，或下海為盜，成為明中後期廣東嚴重的社會問題，也是明中後期廣東社會動盪不已的根本原因。在江西地方政府主導下，較為妥善地安置粵籍流民，無疑為廣東富餘勞動力提供了一條解決生計、重新勤勞致富的途徑，對消除廣東社會動盪根源是有幫助的。

對江西而言，就地安置廣東流民政策的積極作用同樣明顯。明朝中後期，贛南地區仍是地廣人稀。據〔嘉靖〕《南安府志》卷二十〈食貨志〉載，以南安府為例，嘉靖十一年（1532 年）統計，諾大一個南安府，在冊人口僅得七千餘戶，男女合計四萬餘口，人口最少的上猶縣更是僅有區區八百戶，五千餘口。因此，贛南地區成為大批廣東流民重新落腳的首選之區。就地安置廣東流民，正好彌補勞動人手的嚴重不足；就地安置流民政策，也有利於四省交界地區的社會穩定。在未得到地方政府正式承認之前，贛南的廣東流民在土地資源利用、勞動者身份地位、勞動報酬保障等方面與當地居民產生了激烈衝突，與其它地區來贛謀生流民之間的矛盾也交織在一起。只有政府出面，確認流民轉化為地籍身份，才可以消除各種矛盾，達到從根本上消除社會動盪。廣東流民的進入，還促進了贛南地區商品經濟的發展。在崇義縣，新安置的廣東流民，「男則採山種款，女則績葛織席」[96]。江西人很早就有種植藍草的習慣，但只有到了閩粵流民進入贛南後，種植藍草才作為一種產業發展起來。「江西萬洋山跨連湖廣、福建、廣東之地，舊稱盜藪，而各省商民亦常流聚其間，皆以種藍為業。」[97]此外，

---

96 趙秉忠：《江西輿地圖說》（北京市：商務印書館，1937年），頁50。

97 《明實錄・穆宗實錄》卷二十六「隆慶二年十一月乙卯」條。

廣東流民還把煙草、苧麻、甘蔗、花生和漆樹等經濟作物的種植技術和習慣帶到了江西。到了收穫季節，廣東商人還深入贛南地區收購這些物產，組織銷售。據江西學者許懷林統計，明代後期贛南地區墟市數量劇增，其中「贛州府最多，有一百九十二個」[98]。贛南地區墟市數量劇增，反映了贛粵之間社會經濟相互依賴加強的趨向。明代中後期，贛南地區社會經濟逐漸融入嶺南經濟圈中。

晚明時期走私貿易對廣東社會經濟的危害

自二十世紀八〇年代以來，陸續出版了一批在不同程度上肯定明代走私貿易活動的論著。有學者把民間合法的海外貿易活動與非法的走私活動統稱為「私人海外貿易」，予以肯定。[99]有學者批評明朝政府打擊走私貿易為「抑商」政策。[100]還有學者認為：「明嘉靖間的倭寇海盜運動，實質上是在封建社會內部資本主義萌芽的時期，東南沿海地區的農民和城市平民，聯合各階層人民反對封建的運動，歸結到一點就是禁海與反海禁的鬥爭。這是中國內部的階級鬥爭。」[101]讚揚鄭芝龍等明代武裝走私集團大頭目的論著也不少。[102]

筆者對此不能不提出質疑：在今天，走私貿易乃嚴重危害國家利

98　許懷林：《江西史稿》（南昌市：江西高校出版社，1998年），頁521。

99　林仁川：《明末清初私人海上貿易》（上海市：華東師範大學出版社，1987年）；李金明：《明代海外貿易史》（北京市：中國社會科學出版社，1990年）。

100　陳尚勝：《「懷夷」與「抑商」》（濟南市：山東人民出版社，1997年），頁221。

101　戴裔煊：《明代嘉隆間的倭寇海盜與中國資本主義萌芽》（北京市：中國社會科學出版社，1982年），頁74-75。

102　倪樂雄：〈從海權和社會轉型看鄭氏水師〉，收錄於《鄭成功研究》（北京市：中國社會科學出版社，1999年），頁42；鄭廣南：《中國海盜史》（上海市：華東理工大學出版社，1998年），頁238-271。

益的犯罪行為，難道它在晚明時期就成了促進社會經濟發展的正義行為嗎？有必要揭示，即使在晚明時期，走私貿易同樣給社會經濟發展帶來負面影響，並選取晚明廣州府走私貿易的危害作個案研究〔此處晚明的概念起自嘉靖四十年（1561 年）重開市舶，至崇禎十七年（1644 年）明朝滅亡止〕。筆者認為晚明廣州府的走私貿易，大量侵吞國家關稅收入，摧殘守法商人的正當貿易，引起物價的異常波動，損害百姓利益，侵蝕社會風氣，加劇官場腐敗，激化社會矛盾，引發出一系列嚴重的社會問題。

一　走私貿易對廣州地區社會經濟發展的衝擊

走私貿易大量侵吞國家關稅收入。明末清初廣東著名學者屈大均在《廣東新語》卷十五〈貨語‧鹺貨〉中追述廣州外貿繁榮景象時，曾將廣州稱為「天子南庫」。此話也常被今人論著所引用。但當我們認真閱讀相關史料後就會發現，此話用於明朝的關稅收入則是不準確的，明朝政府能從廣州徵收到的關稅收入實在微不足道。著名經濟史專家梁方仲曾進行過推算：「據萬曆三十年刊的《廣東通志》所載，廣東市舶提舉司收入的舶稅，據該司揭稱每年約餉銀四萬餘兩」；「廣東市舶司所收入的餉銀四萬餘兩之數，似係包括各國在澳門繳納的貨稅的全部而言」。梁方仲：《明代國際貿易與銀的輸出入》，《梁方仲經濟史論文集》，中華書局 1989 年版，第 163～164 頁。再拿晚明廣州關稅與廣東境內的商稅相比，廣東粵北的太平關，以徵收北運舶貨商稅為主，每年所徵稅額就達四萬三千餘兩。張學顏等：《萬曆會計錄》卷四十三《雜課》，第 1330 頁。廣東另外兩個北運舶貨的孔道潮州和肇慶的商稅，每年分別是五萬八千餘兩和四萬一千餘兩。戴璟：《廣東通志初稿》卷二十四《課料》，第 428 頁。廣州市舶司關稅的

收入只與廣東三大稅卡中任何一處的商稅收入大致。史實表明,晚明廣州關稅收入被走私貿易嚴重侵吞了。

　　晚明廣州府存在著多種形式的走私貿易。第一種形式是公然對抗官府,完全拒絕繳納任何關稅的特大武裝走私。崇禎初年,顏俊彥曾任廣州府推官,審理過任內所有的走私貿易案件。後來,顏俊彥將在穗所經辦的案件卷宗全部收入《盟水齋存牘》一書。據《盟水齋存牘》記載,顏俊彥在任期內,就審理過數宗特大武裝走私大案件。「奸攬謝玉宇等」案,謝玉宇長期走私違禁物資,其中一次就曾「私賣赤金肆拾錠」[103]。「閩商闌人郭玉興等」案,主犯郭玉興是福建人,駕駛四艘洋舶,「滿載番貨,排列刀銃,聚集千人,突入省地,通國驚惶」。廣州百姓稱:「此粤中從來未有之創見也。」[104]「洋船闌入內地黃正等」案,主犯黃正也是福建人,駕駛的洋舶為「萬斛之舟」,貨值萬金,「聚眾三百餘人,入夷地,販夷貨,又禁直逼粤省,而民間之住粤者,且為奔走,布置窩接」[105]。第二種形式是官商勾結,通過瞞報、少報貨值偷稅漏稅形式來侵吞關稅。據《明經世文編》卷三百六十八〈上潘大巡廣州事宜〉載,嘉靖年間,粤籍官員霍與瑕說:「廣東隔海不五里而近,鄉名遊魚洲,其民專駕多櫓船隻,接濟番貨,每番船一到,則通同濠畔街外省富商,搬磁器、絲綿、私錢、火藥違禁等物,滿載而去,滿載而還,追星趕月,習以為常,官兵無敢誰何。比抽分官到,則番舶中之貨無幾矣。」到了萬曆年間,這種情形愈演愈烈。曾任廣東電白知縣周玄說:「廣屬香山為海舶出入襟喉,每一舶至,常持萬金,並海外珍異諸物,多有至數萬者。先

103　顏俊彥:《盟水齋存牘》(北京市:中國政法大學出版社,2002年),頁74。下引該書同此版本,不再另注。
104　同上書,頁81。
105　同上書,頁702。

報本縣，申達藩司，令舶提舉同縣官盤驗，各有長例。而額外隱漏，所得不貲。其報官納稅者，不過十之一二而已。繼而三十六行領銀，提舉悉十而取一，蓋安坐而得，無簿書刑杖之勞。」[106]第三種走私形式是廣州府，尤其是香山縣的百姓，他們利用毗鄰澳門的地理便利，肩挑手提，常常偷運小額日常用品出境。第一種和第三種走私形式國家是徵收不到絲毫關稅的，第二種走私形式國家關稅只徵收到百分之十至百分之二十。如以周玄所說概算，僅第二種走私形式，每年廣州的走私貿易就使國家關稅收入損失超過四十萬兩白銀。崇禎初年，走私貿易的氾濫，竟至每年四萬餘兩的關稅額都無法實收，顏俊彥署廣州知府時，「市、鹽二司逋本司兵餉累萬」[107]。

走私貿易對廣州地區的社會經濟發展造成了嚴重損害。大量的走私貿易影響到廣州的物資供應，使廣州市場物價不正常飛漲，首當其衝的是糧價。從明中期開始，隨著珠江三角洲人口日增以及經濟作物種植侵佔稻田，廣東為長年缺糧省份已成定局，廣東長年依賴鄰近省份大量調入糧食，並有部分糧食進口。據統計，明代萬曆三十九年（1611 年）、萬曆四十四年（1616 年）、萬曆四十六年（1618 年）、萬曆四十八年（1620 年）、天啟四年（1624 年）、崇禎三年（1630年），廣東均發生嚴重自然災害，穀價騰貴。[108]糧價的騰升，引起多次廣州民變。崇禎年間，士兵陳國英、李耀、陳紹芳就曾強搶民商李玉廣大米一百五十石，被處以杖刑及徒刑。[109]其實，牽動廣州糧價不正常波動的最主要因素則是糧食走私。萬曆年間，大米走私的現象就相當嚴重。粵籍官員郭尚賓說：「閩廣亡命之徒，因之為利，遂乘以

---

106 周玄：《涇林續記》不分卷，收錄於《叢書集成初編》。
107 顏俊彥：《盟水齋存牘》，頁332。
108 《廣東省志・農業志》（廣州市：廣東人民出版社，2002年），頁734-735。
109 顏俊彥：《盟水齋存牘》，頁48。

肆奸，有見夷人之糧米牲菜等物，盡仰於廣州，則不特官澳之運濟，而私澳之販米於夷者更多焉。」[110]萬曆年間，巡按御史李時華就曾頒佈過《嚴禁白艚以防接濟》的禁令：「粵東濱海在通津，漳泉之白艚販糴舳艫相望，富室利其易售，牙行利其得財，奸徒通番接濟，引誘為寇，釀禍非淺。本院勘得其實，牌行守巡各道，轉行所屬府州縣並守把澳港關津，嚴加禁過，如有前艚，悉令驅逐。」禁令取得過一定成效。李時華說：「去秋歲入小歉，米價不至翔貴者，禁白艚之力也。行此，不惟粵東粒食無艱，而海上寇孽亦杜矣。」[111]由此可見，晚明廣州地區糧食走私與社會治安都有著密切關係。崇禎年間，廣州的糧食走私貿易仍很活躍。顏俊彥《盟水齋存牘》中記載了多起大米走私的案件，較嚴重的有「通夷關聖重等」案[112]、「逆僕區亞三」案[113]、「接濟王明等」案[114]。大量的糧食走私，加上年歲荒歉，「薪桂米珠，通國之民嗷嗷旦夕」。顏俊彥多次發佈嚴禁大米走私的布告。《禁棍攬接濟》告示：「今後如有前項棍攬，敢拖憲綱，復行接濟種種不法，許軍民人等當即擒解本廳，轉解院臺，盡法究治，決不輕貸。」[115]《禁接濟私運》告示：「地方軍民人等，有遇私將米穀接濟射利者，當時擒拿解府，重責四十板，枷號擬罪。其穀米竟給本人。其有捕弁員役，借拿接濟名色，攔截到省谷船，罪亦如之。」[116]但收效卻甚微。

　　晚明廣州府走私物資種類繁多。在走私出口物資中，屬於違禁品

---

110 郭尚賓：〈郭給諫疏稿〉卷一《嶺南遺書》本。

111 郭棐：《廣東通志》卷七《藩省志七・屯糧》（北京市：中國書店，1992年），頁177。下引該書同此版本，不再另注。

112 顏俊彥：《盟水齋存牘》，頁72。

113 同上書，頁162。

114 同上書，頁369。

115 同上書，頁334。

116 同上書，頁335。

有糧食、黃金、刀胚、硝硫、鐵鍋、銅、錫、私鹽、鐵板、綢緞、酒、蘇木、絲線、戲服、木材、棕竹等，走私物資的種類遍及日常社會生產、生活各種物資。走私進口的物資主要是香料、名貴木料、牛皮藤、胡椒、天鵝絨及奇珍異寶等。

走私貿易的存在，對遵紀守法的商人來說是一種不公平的競爭。走私貿易是在官商勾結的情形下發展起來的。屈大均曾在《廣東新語》卷九〈貪吏〉和卷十五〈黷貨〉中揭露了這一黑暗現象。他說：「吾廣謬以富饒特聞，仕宦者以為貨府。無論官之大小，一捧粵符，靡不歡欣過望，長安戚友，舉手相慶，以為十郡膏境，可以屬饜脂膏。於是爭以母錢貸之，以五當十，而厚責其贏利。其人至官，未及視事，即以攫金為事。」他們是打著經商旗號進行的。他們或「使其親串與民為市，而百十奸民從而羽翼之，為之壟斷而罔利」；或「遍於山海之間，或坐或行，近而廣之十郡，遠而東西二洋，無不有也」。他們利用資本雄厚，操控市價，「絕流而漁，其利嘗獲數倍。民之賈雖極其勤苦，而不能與爭」，「於是民之賈日窮，而官之賈日富，官之賈日富，而官之賈日多」。屈大均還認為，官商合夥走私，超常規地掠奪百姓基本生活條件，是廣東社會動盪不已的根源。「民賈於官，官復賈於民，官與賈固無別也，賈與官亦復無別。無官不賈，且又無賈而不官。民畏官亦復畏賈。畏官者，以其官而賈；畏賈者，以其賈而官。於是而民之死於官之賈者十三，死於賈之官者十七矣。嗟夫，在昔國之富藏之於民，今也藏之於官，復藏於官而賈者，藏於賈而官者。民日窮而盜賊日熾，其禍不知所底。」

屈大均關於官商勾結摧殘守法商人的說法，有具體的案例可以證明。崇禎初年，佛山援例監生李崇問，依仗族兄李待問在朝中為官的權勢。阮元《廣東通志・李待問傳》載，李待問，萬曆三十一年（1603 年）進士，崇禎年間任戶部侍郎、戶部尚書等要職，以「廣

詔會館為窩頓接濟之藪」，聚集奸商，「包羅包鑄」，大量走私大米、
鐵器出口。由此，惡化了市民基本生活條件，激至民變。市民殺死追
隨李崇問的奸商梁國倫等三人。顏俊彥經辦此案，認為「李擴衷射利
斂怨，儒其貌而市其心，急創之以清士林之穢，誠不為過」。最後，
處李崇問杖刑，並「拆會館，褫衣巾」，才平息了佛山商民動亂。[117]

二　走私貿易危害社會治安、毒化社會風氣

　　晚明政府並沒有絕對禁止廣州地區的海上私人貿易。據梁廷枏
《粵海關志》記載，從嘉靖三十九年（1560年）起，「鳳陽巡撫唐順
之議復三市舶司，部議從之」。此後，終明之世，廣州基本上沒有關
閉市舶。[118]晚明政府所禁止的只是走私貿易。據王圻《續文獻通考》
卷三十一〈市糴考·市舶〉載，明代史家王圻就曾認為不應把合法私
人貿易的「商舶」與非法的走私貿易「寇舶」混為一談，並指出：
「今之論禦寇者，一則曰市舶當開，一則曰市舶不當開。愚以為皆非
也。何也？貢舶與市舶一事也，分而言之則非矣。市舶與商舶二事
也，合而言之則非矣。商舶與寇舶初本二事，中變為一，今復分為二
事，混而言之亦非矣。」作為一個國家主權的體現，加強對私人海外
貿易管理，向從事海外貿易的私商徵收關稅是完全合理的、必要的，
是正當的政府行為。據《明經世文編》卷二百六十〈條陳海防經略事
疏〉載，唐順之嘗指出：「舶之為利也，譬之礦然。封閉礦洞，斥礦
徒，是為上策；度不能閉，則國收其利權而自操之，是為中策；不閉
不收，利孔洩漏，以資奸萌嘯聚其之，斯無策矣。」又據《明經世文

117　顏俊彥：《盟水齋存牘》，頁711。
118　梁廷枏：《粵海關志》卷四《前代事實三·明》（廣州市：廣東人民出版社，2002
　　　年），頁47-54頁。下引該書同此版本，不再另注。

編》李廷機〈報徐石樓〉按語載，晚明政府對私人海外貿易已基本達成共識，即「海禁不須嚴，但當以法，經紀之使，出入有籍，官收其稅，上下通利矣」。

保護合法的私人海外貿易，就應該打擊非法的走私貿易。在明朝政府頒佈的根本大法《大明律》中，有明確的懲處走私活動的條文。《大明律》載：「凡泛海客商舶船到岸，即將物貨盡實報官抽分，若停泊沿港士商牙儈之家不報者，杖一百，雖供報而不盡者，罪亦如之，物貨併入官。停藏之人同罪。告獲者官給賞銀二十兩。」[119]這是專門為禁止進口走私物資制定的法律條文。《大明律》還載：「凡將馬付軍需鐵貨銅錢殼鈾絹綿私出外境貨賣，及下海者，杖一百。挑擔馱載之人，減一等。物資船車併入官。於內以十分為率，三分付告人充賞。若將人口軍器出境及下海者，絞。因而走泄事情者，斬。其拘該官司及守把之人通同夾帶或知而故縱者，與犯人同罪。失覺察者減三等，罪止杖一百。軍兵又減一等。」[120]這是專門為打擊出口走私物資制定的法律條文。除此之外，《大明律・名例律》中還規定：「凡化外人犯罪者，並依律擬斷。」[121]即外國人犯罪一律參照中國法律審理。這便是中國官員審理所有包括中國人和外國人在內走私活動案件的最主要的法律依據。後來，明政府還在一系列法規檔中依據這幾項條文予以補充說明（可參見《萬曆會典》相關條目，明代《會典》也具有法律效力）。

但是，在巨大差額和豐厚利潤的驅動下，晚明廣州府的走私貿易已氾濫成風。屈大均在《廣東新語》卷十四〈谷〉中曾說：「廣州望

---

119 《刑臺法律》，〈戶律・舶商匿貨〉條（北京市：中國書店，1990年影印本），下引該書同此版本，不再另注。

120 《刑臺法律》，〈兵律・私出外境及違禁下海〉條。

121 《刑臺法律》，〈名例律・化外人有犯〉條。

縣，人多務賈與時逐」；「其點者南走澳門，至於紅毛、日本、琉球、暹羅斛、呂宋，帆踔二洋，倏忽數千萬里，以中國珍麗之物相貿易，獲大贏利」。「其點者」就是走私販。晚明，廣州還成為全國走私貿易最活躍、最集中的地區之一。據胡宗憲《籌海圖編》卷十二〈經略二·行保甲〉載，譚綸說：「浙人多詐，竊買絲綿、水銀、生銅、藥材一切通番之貨，抵廣變賣，復易廣貨歸浙，本謂交通，而巧立名曰走廣。」從福建到廣州從事走私活動的也不少。梁廷枏說：「閩地瘠民貧，生計半資於海，漳泉尤甚，故揚航蔽海，上及浙、直，下及兩粵，貿遷化居，惟海是藉。」[122]這正如顏俊彥所說：「若輩重利輕生，走死如鶩。」[123]

　　晚明廣州府走私貿易引發許多嚴重的社會治安問題。大量的走私貿易是廣東海盜賴以生存的條件。萬曆年間，郭棐《海防四要》中認為，欲根治海盜，除加強剿捕外，「杜窩濟」，能「剪海寇之羽翼也」[124]。粵籍官員陳瑾呈《海防要務策》指出，廣東民間有俗諺：「海邊無接濟，則港上無奸細。」海盜的生活用品均依賴走私接濟，海盜的兵器火藥依賴走私接濟，海盜船自然損壞後需優質木材修理也依賴走私接濟，「若各有司地方，嚴加禁革，毋致接濟之貨得以出海，則海上無一年不修之船，亦無半年不壞之檣杆。桅柁折則船為虛器，風篷爛則寸步難移，此船已棄之無用矣」。所以，「嚴禁接濟，以杜絕寇源」是最有效的辦法。[125]走私貿易常引發多種惡性刑事案件。顏俊彥《盟水齋存牘》一書收入走私並涉及刑事的案件多例。其中，

---

122 《明實錄·崇禎長編》卷四十一「崇禎三年十二月乙巳」條。

123 顏俊彥：《盟水齋存牘》，頁573。

124 郭棐：《粵大記》（廣州市：中山大學出版社，1998年），頁61。下引該書同此版本，不再另注。

125 陳瑾：《海防要務策》，收錄於《廣東文徵》第三冊（香港：香港中文大學出版社，1973年），頁471。

「冒宦接濟梁德」案是走私販冒充官宦對抗緝私;「拐徒黃裕」、「拐棍蘇俊英等」案是走私兼販賣人口;「詳熊成恩盜案批防廳就案審」案是走私、強盜、綁架、誣告混合案;「強盜陳曉宇等」案是走私涉殺人搶劫命案;「豪蠹唐觀生、周相」案是走私、殺人、強姦、販賣人口、設賭混合案。

走私貿易還敗壞社會風氣。晚明廣州社會,誣告別人走私惡習成風。《盟水齋存牘》中「誣陷良民哨官王繩武等」案、「奸徒王心原等」案、「誣指接濟劉韜等」案,是官兵敲榨民商不成便誣告合法商人走私。「私鹽黃奕源等誣捏祁敬修」案、「誑誣戴元魯」案、「刁訟余裴等」案、「誣指接濟曾純元」案、「盜情高遠升等」案,便是百姓間為報私仇,互相誣告別人走私的案件。官府往往利用審理這些無中生有的所謂走私案件斂財,更加劇了廣州地區的誣告風氣。顏俊彥說:「向年海防捕盜市舶等衙門極稱鬧熱,全恃訪拿窩盜。訪拿接濟一項,粵中盜案強半影響含糊。即事主呈告,兩造具陳,尚不可方物,而一託之於訪,則游閒無賴日日捕風捉影,借題生事,為阱於國中,上下交受其利,而傾身喪家於頃刻者不知凡幾」;「巡方之訪出,府縣之開送,由刑官之覆核,事聽公審,罪有反坐」;「粵中之有臁名,以此而臁耳」。[126]走私者因利益不均也會引發內訌。「攬與攬相妒,幾貫青蚨,一張白紙,即揭起半天風浪,控司、控道、控兩臺,視為兒戲。」[127]走私免不了與洋人勾結。顏俊彥說:「凡澳夷之種種非法不利於粵者,明起實教之。」王明起就是在親率葡萄牙人武裝走私過程中落網的。[128]總之,正如顏俊彥所說:「看得粵東之大蠹,莫甚於接濟。」[129]猖獗的走私貿易,已成為晚明廣州府頭等的社會問題。

---

126 顏俊彥:《盟水齋存牘》,頁628。
127 同上書,頁489。
128 同上書,頁571。
129 同上書,頁318。

晚明廣州府的衙門大都企圖插手市舶、插手緝私，非法斂財。明朝末年，廣州府所有合法出洋的商船都有編號，都在船上打上烙印。負責打烙印的官員就以「查船為名」，有錢入手，走私船可以烙船編號，變成合法商舶，暢行無阻地走私；「無錢入手，好船亦故勒哱」。就這樣，打擊走私的措施就竟成為無良官吏「恣其包然，營其溪壑」的手段。顏俊彥感慨地說：「良法美意，地方攸賴，但昔人有言，有治法無治人。」[130]

走私貿易還嚴重地腐蝕官員，加劇官場腐敗現象。有走私就有緝私，走私與緝私是一對共生的矛盾；為了對抗緝私，也就有走私姦商千方百計拉攏腐蝕官員，尋求官府保護，緝私與官府包庇走私也是一對看似相悖實質共生的矛盾。早在明代嘉靖年間，主持東南沿海緝私工作的朱紈就已經明白了這一點。朱紈說緝私的辦法有很多。如「使貪使詐，以功贖罪；先擒後縱，陽與陰奪；或拔其根本；或離其黨援；或捨其既往，制其將來。皆法也」。但這些手段只能治標不能治本，只有切斷奸商與官員勾結，才能從根本上抑制走私現象。據《明經世文編》卷二百零五〈請明職掌以便遵行事〉載，朱紈說：「大抵治海中之寇不難，而難於治窩引接濟之寇；治窩引接濟之寇不難，而難於治豪俠把持之寇。聞此地事未舉而謗先行，效未見而肘先掣，山海淵藪視為表裏，衣冠劍戟相為主賓。利於此必不利於彼，善於始必不善於終。此海道歷年養亂，所以至於此極也。」晚明廣州府走私貿易肆虐局面的形成，也正是官商勾結、兵匪勾結、內外串通不斷融合的結果。萬曆期間，相互勾結趨勢已呈現，但尚未至明目張膽的地步。郭尚賓在《郭給諫疏稿》卷一中說：「夷人望我與市之恩，多方於抗衡自固之術。我設官澳以濟彼饔飧，彼設小艇於澳門海口，護我

---

130 同上書，頁638。

私濟之船以入澳，其不受官兵盤詰若此。我設提調以稍示臨馭，彼放縱夷醜於提調衙門，明為玩弄之態以自恣，其不服職官約束如此。」早年，官與盜也常鬧些小摩擦。崇禎年間，官府與走私姦商已完全合流。廣州府包庇走私貿易的三個主要衙門分別是香山縣衙、香山參府、廣州市舶司。顏俊彥曾形象地描述了這三個衙門是如何包庇走私的。「職以謂，香山，接濟之驛遞也；香山參府，接濟之領袖也；市舶司，接濟之窩家也」，「何謂驛遞？香山之設有抽盤科，每船出入必抽丈盤驗，所以嚴稽核。今且免盤矣。不肖縣官甚至藉此以飽蹊壑，而更撥防守之兵船為之搬運矣」。[131]「何謂領袖？香山之置有參府，漢夷雜處，恃以彈壓，所以重防守也，各縣船艇出入海上經其地者，俱得過而問焉。而今亡賴奸徒，參府給一小票，便執為護身符籙，往來無忌矣。參府既給有小票，而凡在該地方兵哨所責之拿接濟者，執非身親為接濟之人，非領袖而何？」「何謂窩家？市舶官之設，所司物價貴賤多少，報稅足餉而已，接濟之事原非其所應問也。乃近有不肖司官，借拿接濟之名，一日而破數百人之家，致激控部院，冤慘徹天。夫非接濟而指為接濟，則其以接濟為生涯者，不得不依為城社。而諸攬為之線索，衙役為之爪牙，在該司據為壟斷，在群奸視為營窟，縱橫狼藉，人人側目，非窩家而何職？」[132]明朝政府在廣州所設的緝私三重關卡，統統成為走私貿易的保護傘。

　　顏俊彥認為，如欲從根本上厲禁走私，必須健全制度，必須從整頓上述三衙門開始。顏俊彥提出：「香山縣令必親詣船所，應抽應盤，實實查核，若縣官仍如往年坐收常例，竟不抽盤，即以枉法贓論」；「凡船艇出入，非奉兩院海道信牌，不許私自往來海上，有借糴

---

131 顏俊彥：《盟水齋存牘》，頁318。

132 同上書，頁319。

糴穀米買運木石名色，私自向參府給票恣行罔顧者，本人之罪不必論，請以其罪並罪參府」。至於市舶司，只要撤銷其緝私權，「市司無權則不能擅作威福，不能擅作威福，則奸商棍攬亦不得虛張聲勢依為城社」。如是，「驛遞撤，領袖絕，窩家除，而此外之零星單薄菜傭寒乞不難問也」。應該說，顏俊彥是抓住了杜絕廣州走私貿易的根源了，但在當時，顏俊彥的建議又是無法實施的。檔呈上，海道衙門批示：「接濟之弊，該廳洞若觀火，悉如議行。」巡按御史批示：「接濟弊不止三，即三說中更有不可問者乎？巡視海道搜弊峻防，須何術而盡，速酌通詳。」表面上，巡海道與巡按御史的批示都冠冕堂皇，實際上，他們的批示是在互相推諉。最後，兩廣總督的批示：「如議，刊榜申嚴。以後各官敢有故違，不時揭報以憑拿處繳。」[133]同樣，兩廣總督的官樣文章上是同意懲治包庇走私的貪官，但實際上卻是否定了顏俊彥從整體整頓上述三個衙門的建議。顏俊彥只好從「治標」的層面上來治理官吏包庇走私的現象。顏俊彥查處了香山縣貪弁鄭夢熊[134]、市舶司衙役尹遷、鍾貴[135]、巡視海道衙役梁悅吾[136]，但卻查辦不了較高級別的貪官污吏。查辦香山參將柴選一案，先後四審，仍無法將其法辦。最後刑罰是一減再減，直至「仍羈候具題」[137]，不了了之，貪官依然逍遙法外，顏俊彥卻為此屢受上司訓斥。香山參將乃「兩粵第一肥缺」[138]，柴選能居此位，自非泛泛之輩，顏俊彥一介小小廣州府推官又豈能將他繩之以法。這就是顏俊彥為什麼查處鄭夢熊輩容易，查處柴選難的根本原因。後來，顏俊彥在「誣指接濟劉韜

---

133 同上。
134 顏俊彥：《盟水齋存牘》，頁6。
135 同上書，頁86-87。
136 同上書，頁97。
137 同上書，頁4-5。
138 同上書，頁652。

等」案中，還曾試圖查辦包庇走私的巡視海道衙門把總戴日昭和守備張曾祐，最後也僅治了把總戴日昭和守備張曾祐負有「失察」之責，指出：「戴日昭審無贓據，既蒙憲臺革其管事，姑免再擬。張守備視事方淺，為把哨所誤，可無深求。」[139]

晚明時期，廣東的最高軍政長官兩廣總督，往往就是庇護走私的總頭目。據《明史》卷二百二十二〈殷正茂傳〉載，隆慶五年（1571年）至萬曆六年（1578年），兩廣總督殷正茂，用重金、土產、舶貨賄賂中央權貴，當殷正茂遭到監察官員彈劾時，內閣首輔高拱竟說：「吾捐百萬金予正茂，縱乾沒者半，然事可立辦。」大貪污犯受到中央核心集團的庇護而逍遙法外。萬曆三十四年（1606年）至萬曆三十八年（1610年），何士晉任兩廣總督，「計贓不下三四十萬」[140]。萬曆四十八年（1620年），胡應臺任兩廣總督，有人評胡應臺在粵「政績」：「自筮仕以來，天下好官做盡，賄取盡，邪人、正人被其殺盡、騙盡，便宜討盡。」[141]據《明史》卷二百五十六〈劉之鳳傳〉載，就是這樣一個貪官，官卻越升越高，竟升至刑部尚書。崇禎四年（1631年）至崇禎十四年（1641年），熊文燦任兩廣總督。據《明史》卷二百六十〈熊文燦傳〉載：「官閩、廣久，積貲無算，厚以珍寶結中外權重，謀久鎮嶺南。」熊文燦初到廣東時曾向顏俊彥索要洋貨和奇珍異寶。豈料，顏俊彥竟敢拒絕熊文燦的索賄，還欲嚴禁走私。顏俊彥的種種行為，既與當時官場習氣不合，還損害了當時貪官集團的利益。最終，顏俊彥被上司找了個藉口，以「充本省同考，被論罷職」，趕出了官場。[142]

---

139 同上書，頁692-694。

140 《明實錄‧熹宗實錄》卷七十七「天啟六年十月庚申」條。

141 《明實錄‧崇禎長編》卷二十五「崇禎二年八月甲子」條。

142 顏俊彥：《盟水齋存牘》整理標點說明。

地域文化研究叢書·嶺南文化叢刊 A0203001

古代廣東史地考論　上冊

作　　者　顏廣文
責任編輯　蔡雅如
發 行 人　陳滿銘
總 經 理　梁錦興
總 編 輯　陳滿銘
副總編輯　張晏瑞
編 輯 所　萬卷樓圖書股份有限公司
排　　版　林曉敏
印　　刷　百通科技股份有限公司
封面設計　菩薩蠻數位文化有限公司

出　　版　昌明文化有限公司
桃園市龜山區中原街 32 號
電話 (02)23216565
發　　行　萬卷樓圖書股份有限公司
臺北市羅斯福路二段 41 號 6 樓之 3
電話 (02)23216565
傳真 (02)23218698
電郵 SERVICE@WANJUAN.COM.TW
大陸經銷
廈門外圖臺灣書店有限公司
　　電郵 JKB188@188.COM

ISBN 978-986-496-010-1
2017 年 7 月初版
定價：新臺幣 220 元

如何購買本書：

1. 劃撥購書，請透過以下郵政劃撥帳號：
   帳號：15624015
   戶名：萬卷樓圖書股份有限公司
2. 轉帳購書，請透過以下帳戶
   合作金庫銀行　古亭分行
   戶名：萬卷樓圖書股份有限公司
   帳號：0877717092596
3. 網路購書，請透過萬卷樓網站
   網址 WWW.WANJUAN.COM.TW

大量購書，請直接聯繫我們，將有專人為您
服務。客服：(02)23216565 分機 10

如有缺頁、破損或裝訂錯誤，請寄回更換

國家圖書館出版品預行編目資料

古代廣東史地考論 / 顏廣文著. -- 初版. -- 桃
園市：昌明文化出版；臺北市：萬卷樓發
行, 2017.07　冊；　公分. -- (地域文化研究叢
書. 嶺南文化叢刊)
ISBN 978-986-496-010-1(上冊：平裝). --
1.歷史地理 2.廣東省
673.32　　　　　　　　　　　　　106011188